행복한 공부

행복한 공부
저자_ 김정섭

1판 1쇄 인쇄_ 2007. 4. 10.
1판 4쇄 발행_ 2007. 7. 27.

발행처_ 김영사
발행인_ 박은주

등록번호_ 제406-2003-036호
등록일자_ 1979. 5. 17.

경기도 파주시 교하읍 문발리 출판단지 515-1 우편번호 413-756
마케팅부 031)955-3100, 편집부 031)955-3250, 팩시밀리 031)955-3111

저작권자 ⓒ2007 김정섭
이 책의 저작권은 저자에게 있습니다. 서면에 의한 저자와 출판사의 허락 없이
내용의 일부를 인용하거나 발췌하는 것을 금합니다.

Copyright ⓒ2007 Gimm Jung-Sup
All rights reserved including the rights of reproduction
in whole or in part in any form. Printed in Korea.

값은 표지에 있습니다.
ISBN 978-89-349-2436-4 03810

독자의견 전화_ 031) 955-3104
홈페이지_ http://www.gimmyoung.com
이메일_ bestbook@gimmyoung.com

좋은 독자가 좋은 책을 만듭니다.
김영사는 독자 여러분의 의견에 항상 귀 기울이고 있습니다.

행복한 공부

김정섭 지음

김영사

오직

행복을 생각하시고

행복의 길을 찾으셨고

행복하셨고

모든 중생을 행복하게 하시는

성현들께

삼가 머리 숙여 절하옵나이다

|머|리|말|

삼가 머리 숙여 절하옵나이다

　우리는 누구나 다 공부합니다. 시험에 붙기 위해서, 돈을 벌기 위해서, 출세하기 위해서 혹은 이름석자를 알리기 위해서 공부합니다. 그런데 '시험에 붙으면?', '돈 벌면?', '출세하면?', '유명해지면?' 하고 그 뒤는 잘 생각해보지 않습니다.
　그러나 이루고자 하는 것이 무엇이든, 얻고자 하는 것이 무엇이든 대답은 모두 '행복하기 위해서'일 것입니다. 모두가 행복하기 위해서 시험공부를 하고 돈 버는 공부를 하고 이런 저런 공부를 합니다. 목적지는 모두 같은 '행복'인데 거기 건너가는 징검다리, 과정을 달리 생각하기 때문에 공부가 여러 가지로 달라지는 것입니다.
　그럼 돈이 많으면 반드시 행복할까요? 출세하면 반드시 행복할까요? 유명해지면? 명예가 확실히 행복을 보장해 줄까요? 사람들은 대개 여기까지는 잘 생각해보지 않는 것 같습니다. 이 밝고 영악한(?) 시대에 말입니다.
　우리 모두의 최종 목적지가 결국 행복이라면 합격이나 돈, 출세나 명예 같은 징검다리를 거치지 않고, 그런 것 때문에 부질없는 고생하지 않고 바로 가는 길은 없을까요?

바로 가는 길, 있습니다.

분명히 있습니다.

성현들의 가르침이 그것입니다.

여기서 그 성현들의 가르침 따라서 바로 가는 길, 직접 가는 공부에 대해 이야기하려고 합니다. 부처님의 말씀, 특히 제가 직접 뵙고 가르침 받았던 백성욱 선생님의 말씀을 많이 따르게 될 것입니다.

부처님께서 세상에 나오셨을 때 그곳 인도에 여러 심오한 철학과 수행법이 많았지만 무거운 짐 가득히 진 채 당신 앞에 온 곤고한 영혼들에게 무슨 어렵고 심오한 진리의 설법이 필요했겠습니까? 그들이 알아들을 수 있는 가장 쉬운 말로, 가장 간단하게 누구나 실천할 수 있고 실천하면 꼭 효과가 나는 말씀을 하셨을 것입니다. 원래 당신의 법문은 그러했을 것입니다.

그랬던 것이 시간이 흐르면서 이것저것이 보태지고 대승경전으로 조직화되고 확대되어 여러 지역으로 퍼져나가면서 오늘날의 팔만대장경과 같은 방대한 말씀의 바다가 되기에 이른 것입니다. 그래서 이제는 도대체 이 넓고 깊은 대장경의 바다 어디에서 내가 꼭 믿고 의지할 정말 요긴한 말씀을 찾아서 인생이라는 망망고해를 헤쳐 나갈 수 있을지 알 수 없게 되었습니다. 그러다 보니 모든 중생들에게 고생을 떠나 해탈 열반의 행복한 삶을 살게 하려는 당신의 뜻과는 영 어긋난 사정이 되어버리고 만 것입니다.

그런데 다행히 불경 중에서 가장 짧은 경전 중의 하나라고 하는 '금강경(金剛經)' 안에 대장경의 요체와 핵심을 다 담고 있다고 합니다. 그래서 어렵고 방대한 경전일랑 다 놓고 오직 제 마음만 보고 공부하자고 했던 선종의 위대한 스승들도 이 경만은 외면하지 못하고 옆에 놓고 의지하는 것이 좋겠다고 해서 오늘날까지 소의 경전(所依 經典)으로 전해 내려오고 있습니다.

바로 그 경이 말하는 두 가지 중요한 실천 사항이 있으니 곧 모든 중생을 열반에 들게 제도하라는 것과 이 경을 수지 독송(受持 讀誦)하라는 것입니다. 그런데 우리가 중생 제도를 어떻게 하겠습니까? 참으로 난처한 문제인데 백 선생님께서 누구나 실천할 수 있는 쉽고 간단한 방법을 일러주시고 또 그것을 몸소 실행해 보이셨습니다.

그래서 이제 백 선생님의 가르침 따라 그 두 가지 방법 곧 중생을 제도하는 '바치는 공부'와 '금강경 독송'에 대해 이야기해보려고 합니다.

불법과 그 공부는 사실 현실과 떨어진 어려운 이론이거나 서

방의 극락정토나 하늘나라 이야기만은 아닙니다. 현실문제에 대한 직접적인 해법이고 그걸 해결하는 공식입니다. 따라서 그 공식을 현실 문제에 적용해서 풀어가는 것이 공부고 수행입니다. 그대로 했는데도 잘 풀리지 않는다면 옳지 못한 공식이고 바르지 못한 법입니다. 버려야할 법입니다. 말이 그럴듯하고 듣기 좋다고 해서 그냥 모셔둘 일은 아닙니다.

무엇이 부처님 말씀(佛法)입니까? 꼭 옳고, 효과가 있고, 알기 쉽고, 실행하기 쉬워서 부처님 말씀이고 성현의 가르침입니다. 그래서 당신은 '나는 의사고 내 말은 약이다' 또 '내 말은 처음도 좋고, 중간도 좋고, 나중도 좋다'고 하셨습니다. 그러므로 아무쪼록 범접하기 어려운 성현의 거룩한 말씀으로만 놓아두지 말고 반드시 생활 속에서 직접 실천해보고 삶의 구비구비에 부딪치는 모든 문제에 적용하여 그 효과를 점검해보기 바랍니다. 그렇게 하여 부디 부처님 당신께서 그토록 바라시는 영원히 자유롭고 행복한 사람이 되시기를 바랍니다.

이 책을 내는데 여러 분의 말씀을 빌려 쓰고 또 도움을 받았습니다. 그 여러 분은 물론 모든 목숨가진 이들이 이 인연 공덕으로 무시겁 업보 업장을 해탈 하고 밝은 이 시봉 잘하여 영원토록 행복하기를 발원.

차례

머리말

들어가는 말씀 | 공부修行의 두가지 기본 ∽ 13

1부 바치는 공부법
1 | 공부하는 법 ∽ 25
2 | 금강경이란 어떤 경인가 ∽ 31

2부 공부에 대한 문답
1 | 허망이란 무슨 뜻인가 ∽ 37
2 | 엄연한 현실 앞에 일체가 허망이고 꿈이라는 말씀을
    어떻게 받아들여야 할까 ∽ 48
3 | 어떻게 세상만사 모든 문제에 바치는 공부만으로
    대처할 수 있을까? ∽ 52
4 | 일체가 비고 없다면서 바치기는 왜 바치라 하는가 ∽ 55
5 | 잘 믿고 열심히 기도 수행하는 데도 왜 형편은 쉬 바뀌지 않고
    고생은 계속되는가 ∽ 60
6 | 이 공부, 해도 해도 안 됩니다! 언제까지 해야 합니까 ∽ 63
7 | 견법, 행법 다 아는 건데 ∽ 69
8 | 다시 바치는 법에 대하여 ∽ 74
9 | 법과 비법, 공부와 일, 수행과 수련 ∽ 79
10 | 수심修心, 마음을 닦는다고? ∽ 87
11 | 공부에 대한 오해들 ∽ 96

3부 세상일에 대한 문답

1 | 먹고 살기도 바쁜데 한가하게 무슨 공부 ∽ 111

2 | 마음공부 보다 다른 큰일을 해야 하지 않나 ∽ 115

3 | 이 공부 안 해도 잘들 사는데 ∽ 120

4 | 졸리면 자고 배고프면 먹는 것이 공부라는데 ∽ 125

5 | 전생의 업보따라 사는 것이라면 공부가 무슨 소용인가 ∽ 130

6 | '모든 것이 네 업이다' 하신 것은 네 업이니
    당해보라는 말씀인가 ∽ 134

7 | 공부하면 당장 업이 소멸되고 팔자나 운명이 바뀌는가 ∽ 136

8 | 죽음은 가장 무거운 처벌이고, 완전한 종말인가 ∽ 138

9 | 왜 하필 나에게 이런 일이 ∽ 142

10 | 믿고 공부하면 다 잘 되는가 ∽ 145

11 | 죽을 일과 살 일 ∽ 148

12 | 다 바쳐라 ∽ 155

주석 ∽ 159

|들|어|가|는|말|씀|

공부[修行]의
두가지 기본

간밤에 옆집 갑돌이가 몰래 방에 들어와서 돈 훔치는 꿈을 꾸었다. 아침에 깨어서 지갑을 보니 정말 돈이 없어졌다. '에! 사실이네. 손버릇 나쁘다고 소문이 돌더니……' 하고는 시근벌떡거리며 옆집엘 찾아가 "야, 갑돌이 이 도둑놈아! 이 나쁜 놈! 간밤에 훔쳐간 내 돈 내놔!" 하고 소리소리 지르며 멱살잡이를 했다. 그러나 사실은 용돈이 궁한 자기 아들이 한 짓이었다.

어떻게 되겠습니까? 정신이상자, 미친 사람 취급을 받고 오히려 크게 봉변을 당할 것입니다.

무엇이 문제입니까? 꿈은 허망한 것, 거짓입니다. 꿈에 본 '갑돌이'도, '내 돈'도, '내 방에 온 것'도, '돈 훔친 것'도 사실이 아닌 것입니다. 그런데 그것을 사실로 알고 '그래,

내 그럴 줄 알았어. 동네 소문이 나쁘더니, 틀림없어!' 하고 확신을 더해서 찾아가 욕을 하고 행패를 부렸으니 돌아오는 것은 창피와 망신뿐입니다. 망신! 이렇게 거짓을 믿고 무슨 일을 했다가 결과는 모두 낭패고, 실패고, 손해입니다. 부실한 기초 위에 집을 짓는 격이므로 결국 패가망신할 것밖에는 없습니다.

부처님께서는 '일체가 허망이다, 꿈이다' 라고 하셨습니다. 우리는 눈을 뜨고 있지만, 온통 꿈속에서 사는 것과 다름없습니다. 거짓 속에서 살고 있습니다. 그 꿈과 거짓을 철저히 믿고 살고 있습니다. 결과는 고생(苦生), 즉 '괴로운 삶' 뿐입니다. 이 꿈, 괴로운 삶에서 벗어나는 것이 공부입니다.

공부하는 데 잊어서는 안 될 두 가지 기본원칙*이 있습니다.

첫째, 견법(見法), '세상을 보는 법' 이니, '세상 모든 것은 다 허망하다[凡所有相은 皆是虛妄이라]'고 보는 것입니다. 꿈으로, 거짓으로, 가짜로 보고 알라는 말씀입니다.

눈·귀·코·혀·피부·마음[眼耳鼻舌身意]의 육감(六感)으로 감지하는 모든 것, 즉 세상 만물(萬物), 만사(萬事), 그리고 우리의 몸과 마음, 모든 생각이 다 마찬가지입니다. 값이 같습니다. 허망입니다*. 꿈이고 거짓이고 가짜인 것입니다.

눈에 보이고, 귀에 들리고, 코에 맡아지고, 살에 닿고, 마음에 생각나고, 꿈에 보이는 모든 것은 다 허망입니다. 어떤 대단한 것, 거룩한 것, 신묘한 것이 보이고 들리고 닿고 생각나도 다 허망입니다. 옳고 그른 것, 좋고 나쁜 것, 예쁘고 미운 것, 성스럽고 비천한 것 할 것 없이 다 허망인 것입니다. 거짓으로 믿을 것이 못됩니다. 설사 불보살이 나타나도 마찬가지입니다*. 예외가 없습니다.

왜 이런 이야기를 할까요?

어떤 것을 허망한 것으로 보지 못하고 실재(實在)로, 사실로 알면* 이내 헤아려 판단하고 이름을 지어 집착하게 됩니다. 그리고 거기에 맞는 말이나 행동을 하게 됩니다*. 행위를 하게 되는 것입니다.

행위는 세 종류인데 마음〔意〕으로 생각을 하는 것, 입〔口〕으로 말을 하는 것, 몸〔身〕을 움직여 행동하는 것입니다. 옳은 것이면 그걸 지키려고 궁리하고 찬성·지지하고 또 몸으로 실천하기 마련입니다. 그릇된 것이면 반대하고 버리고 바로 잡으려 합니다*. 좋으면 얻어가질 생각에 말에 얻을 짓을 하게 되고, 싫으면 피하고 버릴 궁리에 그럴듯한 핑계를 대고 행동까지 하게 됩니다. 예쁘면 친하려 하고 미우면 멀리하려고 합니다.

그런데 모든 행위는 업(業, 원인이 되는 행위)이 되고 업에는 반드시 그 결과, 과보(果報)가 따릅니다. 어떤 이유나 어떤 명분으로 한 것이든지, 마음으로 생각하고 입으로 말하고 몸으로 행동하는 모든 행위는 업이 됩니다. 그리고 업에는 반드시 거기에 합당한 대가, 즉 과보가 따릅니다. 착한 일, 훌륭한 일을 하면 칭찬을 듣고 상을 받으며, 나쁜 일, 실패한 일에는 비난과 처벌이 따르는 것입니다. 착하지도 나쁘지도 않은 행위에는 좋지도 나쁘지도 않은 과보가 따릅니다.

이런 과보는 바로 받기도 하지만, 세월이 흐른 뒤에 받기도 하고, 또 자기가 모르는 내세(來世)에 받기도 합니다. 그러므로 업은 종합적으로는 희비고락(喜悲苦樂)이 교차하는 우리의 삶, 즉 '고생'의 원인이 됩니다.

이와 같이 일체의 모든 것을 실재로, 사실로 알 때는 세 가지 행위로서 그때그때 여러 가지로 대처하게 되는데, 그렇다면 부처님 말씀 따라 허망하다고 믿는 사람은 어떻게 해야 할까요?

둘째, 행법(行法), 세상을 사는 실천법(實踐法)이니, 우리의 모든 생각을 부처님께 다 바치는 것(25쪽 '공부하는 법' 참조)입니다.

부처님께서 '일체가 허망하다'고 말씀하셨다고 해서 세상만사가 금방 허망으로 보이고 꿈으로 여겨지는 것은 아닙니다. 부처님 말씀이니까 믿기는 하지만 현실 경계〔對象〕는 여전히 생생역력(生生歷歷)하고 확실분명하며, 혹은 너무나 아프고 쓰라리며, 혹은 그렇게 달콤하고 즐거울 수가 없습니다. 그러나 지혜난측(知慧難測), 대자대비(大慈大悲)하신 당신께서 모든 것이 허망이다 꿈이다 하시니까, 속지 말고 갖지 말라 하시니까, 방법은 그렇게 말씀하신 부처님 당신께 모두 가져다 드리는 수밖에 없는 것입니다. 그래서 백성욱 선생님(이하 백 선생님)께서는 우리의 모든 생각(느낌, 감정)을 다 부처님께 바치라고 하셨습니다. '허망하다'고 하신 부처님 당신께서 처리하시도록 하라는 말씀입니다. 이것이 우리가 세상만사에 대처하는 방법입니다.

"바치면 일이 없다〔若見諸相이非相이면 則見如來니라〕"고 하셨습니다.

이것은 바치는 것이 업을 짓지 않고 해결하는 방법이라는 말씀입니다. 마치 강도 같은 범죄인에게 내가 직접 벌을 주고 상해(傷害)하면 나 또한 범죄자가 되어 처벌받겠지만, 법에 호소하고 맡기면 시간은 좀 걸릴지라도 죄 짓는 일 없이 해결할 수 있는 것과 같습니다.

'나'가 하는 모든 행위는 다 업이 되지만, 부처님께 바치면 당신께서 하시는 일이 되므로 업이 되지 않습니다. 그러므로 무슨 일이든지 우선 부처님께 바쳐서 부처님 시봉(侍奉, 받들어 모시는 일)으로, 심부름으로 해야 합니다.

이처럼 허망한 것을 처리하는 방법, 업 짓지 않고 세상만사·만물에 대처하는 방법은 오직 한 가지, '부처님께 바치는 것'입니다.

세상에는 좋고 싫은 것, 예쁘고 미운 것, 갖고 싶고 버리거나 피하고 싶은 것, 보고 싶고 잊고 싶은 것 등 물건도 사람도 종류가 많습니다. 또 불보살, 하느님, 하늘, 신령, 조상신, 삼신, 당산(堂山, 토지나 부락의 수호신), 손(날 수를 따라 여기 저기로 다니면서 사람들을 방해하는 귀신), 살(煞 사람이나 물건 등을 해친다는 악귀의 독하고 모진 기운), 귀신, 영가, 도깨비, 유령 등 초능력으로 사람들을 이롭게 하거나 해롭게 한다는 각종 신과 귀신도 많고, 팔자 운명, 운수(運數), 재수(財數), 기(氣), 방위, 터 등같이 우리의 의지와 상관없이 보이지 않게 영향을 미치고 문제를 일으킨다는 것도 다양합니다. 그리고 세균, 바이러스, 곰팡이, 진드기같이 각종

질병을 일으키는 것도 많습니다. 또 법이며 각종 규범, 제도, 윤리, 도덕, 풍습 등 우리를 적잖이 제약하고 있는 것도 많습니다.

일[事] 또한 중하고 가볍고, 급하고 여유 있고, 어렵고 쉬운 것 등 다양합니다. 그 많고 다양한 만큼 나와 너, 이사람과 저사람, 이것과 저것, 이 일과 저 일, 이 생각과 저 생각들이 제각각 비중과 값이 모두 다릅니다. 그에 따라 대처하고 해결하는 방법 또한 모두 제각각입니다. 그래서 세상에는 갖가지 학문과 지식이 많고, 훌륭한 지혜의 말씀이나 처세술도 많으며, 비법과 비결, 비방(秘方)이라는 것도 수 없이 많은 것입니다.

그러나 불교 집안에서는 세상만사·만물의 값이 모두 같습니다. '허망'이라는 한 가지 값으로 여깁니다. 그러므로 귀신이든 기운(氣運)이든, 사람이든 물건이든, 일이든 제도든, 생각이든 감정이든, 중하든 가볍든, 급하든 여유 있든 아무리 많고 다양해도 대처하는 방법은 오직 한 가지, 일단 '부처님께 바치는 것'입니다. 이것은 예외가 없습니다.

결국 세상 사물을 허망으로 보지 못하고 실재로, 사실로 알면 반드시 행위가 따르는데, 이것은 좋고 나쁘고 선하고 악하고에 상관없이 모두 업을 짓는 일입니다. 업은 과보를 불러 당장 받기도 하지만, 세월이 흐른 뒤에 받기도 하고, 또 내세(來世)에 받기도 합니다. 그래서 이 업은 현세(現世)에 고생을 부르고, 나아가 생을 바꿔서까지 희비고락의 삶을 계속되게 만듭니다.

다시 말하면, 일체 모든 것을 허망으로 바로 보지 못한 것〔無明〕 때문에 행위하게 되고, 행위는 업이 되며, 업에 따라 괴로운(苦) 삶(生)을 살고, 생을 바꿔가며 윤회(輪回)하게 되는 것입니다.(無明 → 業 → 苦 → 輪廻)

반면에 모든 것을 허망한 것으로 알고〔慧〕 부처님께 바치면〔廻向〕, 업을 짓지 않고 행복(幸福)하게 세상을 살 수 있으며, 윤회의 굴레에서 벗어나 해탈(解脫)하게 됩니다.(知慧〔明〕 → 廻向〔바침〕 → 幸福 → 解脫)

그러나 백 선생님께서는 '일체'도 '허망'도 '업'도 '과보'도 '윤회'도 말씀하시지 않으셨습니다. 그런 복잡한 말씀은 모두 놓아두시고 그냥, "그대 생각은 다 부처님께 바쳐라. 그대가 가지면 재앙이고 부처님께 바치면 복이 된다"고 하셨습니다.

그리고,

"분별이란 본래 그 근본이 없다. 그러나 분별 속에 사는 사람들에게 '분별이란 원래 없는 것(허망한 것)이다' 고 하면 분별이 쉬겠는가? 그래서 '분별은 네 재산이니 부처님께 바쳐라' 한 것이다. 분별이라는 재산을 부처님께 바치면 한량없는 복이 되어 돌아오지만 제가 가지면 재앙일 뿐이다"고 나중에 다시 일러주셨습니다.

우리의 공부는 이 견법과 행법을 삶과 생활에 적용하고 실험하고 그 결과를 보면서 꾸준히 실천해가는 일입니다.

∽ 요약 ∽

공부에 두 가지 기본이 있으니 견법과 행법이다. 견법이란 일체 모든 것을 허망으로 보는 것이요, 행법이란 그 허망한 것(생각)을 '나' 가 갖지 않고 부처님께 바치는 것이다. 그 결과 업을 짓지 않고 과보를 받지 않고 고생스런 삶을 살지 않고 윤회에서 벗어나 해탈하게 된다.

바치는
공부법

1
공부하는 법

'미륵존여래불(彌勒尊如來佛)'을 마음으로 읽고 귀로 듣도록 하면서, 당신의 생각은 무엇이든지 부처님께 바치는 연습을 하십시오. 가지면 병이 되고, 참으면 폭발합니다.

아침저녁 〈금강경(金剛經)〉을 읽으시되, 직접 부처님 앞에서 법문 듣는 마음으로 하십시오.

육체로는 규칙적으로 일하시고, 정신은 절대로 가만두십시오.

이것이 부처님을 시봉(侍奉)하는 일입니다. 부처님께서는 지혜가 밝으시고˙ 편안하시고 자유로우시며 일체 문제가 없는 완전한 분이시기 때문에, 그 분을 믿고 시봉함으로써 우리 또한 마땅히 그 분처럼 밝고 편안하고 자유롭게 살 수 있습니다.

세상에서도 높은 이를 섬김으로써 자기 또한 높아지고, 부유한 이를 섬김으로써 자기 또한 부유해지며, 학식 많은 이를 잘 섬김으로써 자기 또한 학식이 풍부해짐을 볼 수 있습니다. 그러나 제 힘만으로는 모든 것을 이루는 일이 힘든 것은 물론이요, 모함 받고 시기당하며 도둑이 탐하는 바 되어 이루기가 어려운 법입니다. 그러므로 지혜로운 사람은 모든 것을 제가 하겠다고 욕심내기보다는 먼저 밝은 이, 앞서가는 이를 정성스럽게 섬깁니다.

그러므로 당신도 그저 부처님을 믿고 시봉해서 부처님처럼 밝고 편안하고 자유롭게 되시기를 바랍니다.

사람들은 서로 사귀거나 윗사람을 섬기고 아랫사람을 보살필 때, 돈이나 귀한 물건 또는 맛있는 음식 같은 것으로 자기의 마음과 정성을 표시합니다. 그러다 더욱 가까워지면 그런 것 없이도 마음을 주고받고, 또 아주 막역한 사이가 되면 가슴 저 깊은 데 있는 속사정까지도 털어놓게 됩니다. 부처님께도 우리의 마음과 모든 생각을 드림으로써 참으로 가까워질 수 있고, 가까워지면 그 분처럼 살 수 있습니다.

세상을 사는 일이 쉽지 않습니다. 분하고 억울하고, 아프고 고단하고, 외롭고 쓸쓸하여 힘들고 괴롭습니다. 먹고 싶고 보고 싶고, 갖고 싶고 주고 싶고, 잘되고 싶고 자랑하고 싶어 욕망은 끝이 없으나 다 이룰 수 없어서 괴롭습니다. 그런데 이 모든 괴로움은 가지려는 마음에서 생기는 것입니다. 돈이나 보석, 명예나 권세, 여자나 자식 등 무엇이든지 자기 것으로 취하려 하는데, 이런 모든 것은 얻는 데도 수고가 많지만 한 번 얻어 가진다 해도 영원한 것이 될 수 없습니다. 쉽게 달아나고 이내 변하는 무상(無常)한 것입니다. 그러나 이 무상한 것을 부처님께 드리면 우리는 무상하지 않은 것, 밝고 영원한 부처님의 지혜와 평안을 얻을 수 있습니다.

동서고금을 통틀어 이런 괴로움을 해소하기 위한 중요한 처방약 중 하나는 '참는 것'입니다. 우리 주변에서 말하는 교훈이나 표어, 좌우명을 살펴보더라도 '참는 것'은 매우 중요한 덕목(德目)으로 강조되고 있습니다.

그러나 참는 것이 쉽지도 않으려니와, 억지로 참아 마음에 넣어두어서는 근본이 해결되지 못하고 독소가 남아 쌓이게 됩니다. 그러다 보면 언젠가는 한꺼번에 폭발하고 맙니다. 그런데 무조건 참기보다는, 괴롭고 미안(未安, 편안하지 않음)한 마음을 부처님께 드림으로써 독소를 남기지 않고 원만하게 처리할 수 있습니다.

그런데 사람들은 받으실 부처님이고 드릴 마음이고 어떤 '형상(形狀)'이 있어야 "여기 있습니다" 하고 드리기도 하고 또 "받았다"고도 할 텐데, 형상이 없으니 곤란하지 않느냐고 말합니다. 그래서 부처님께 마음을 바치는 실제적인 방법이 무슨 생각이 나더라도 그 생각을 부처님께 드리는 마음으로 '미륵존여래불' 하고 마음과 입으로 외는 것입니다. 이것이 곧 부처님께 바치는 것이고, 그러면 부처님께서도 틀림없이 받으십니다.•

그러나 실제로 받으시는지 볼 수가 없어서 답답한 경우가 없지 않으니, 우선 한 백 일가량을 정하여 아침저녁으로 〈금

• 바치는 법은 금강경 말씀을 구체적으로 실천하는 방법으로서 백 선생님께서 내신 것이다. 곧, "무슨 생각이 나든지 거기다 대고 '미륵존여래불' 해라. 이것이 부처님께 바치는 것이다" 고 하셨다.

'나무아미타불'이나 '석가모니불' 하는 것과 다른 점은 소원을 비는 대신에 소원뿐 아니라 모든 생각을 부처님께 바치고 드리는 방법으로서 한다는 것이다. 굳이 '미륵존여래불' 하라고 하시는 것은 사람들이 '나무아미타불' 할 때는 모든 것을 바치려고 하기보다는 '나 좋게 해달라' 거나 '내 소원 들어달라' 는 방법으로 했으므로 '나무아미타불' 하면서 바치는 마음으로 쉽게 바꿔지겠느냐는 것이다.

강경〉을 읽고 낮에는 일하면서도 떠오르는 모든 생각을 '미륵존여래불'하여 바치는 연습을 하고 돌이켜 보십시오. 세상 살기가 훨씬 부드럽고 마음도 가벼워질 것입니다. 이것이 곧 부처님께서 참으로 받으시는 증거입니다.

미륵존여래불께서는 이천오백여 년 전 석가모니 부처님 당시, 그 대중(大衆) 속에서 같이 공부하던 '미륵'이라는 어린 구도자(求道者)였습니다. 모든 걸 오로지 바침으로써 부처님을 시봉해서, 많은 훌륭한 제자들보다 먼저 "너는 내세에 나를 이어 부처가 될 것인데, 그 이름을 '미륵존여래'라 하리라" 하고 수기(授記, 예고)를 받으신 분입니다. 그래서 부처님께 오로지 정성스럽게 바침으로써 시봉하는 그 분의 그 정신을 좇아 우리 또한 '미륵존여래불'하여 생각을 다 바치는 것입니다.

몸은 움직여야 건강해지고 마음은 안정함으로써 지혜가 생기나니,
육체로는 규칙적으로 일하시고, 정신은 절대로 가만 두십시오.
그저 부지런히 〈금강경〉을 읽으시고 '미륵존여래불'하여 자꾸 바치십시오. 오직 이렇게 공부하시되 주의하실 일은,
'공부하겠다' 하면 탐심(貪心, 탐하는 마음)이요,

'공부가 왜 안 되나?' 하면 진심(瞋心, 화내는 마음)이요,

'공부가 이만하면 됐다' 하면 치심(痴心, 어리석은 마음)이니,

너무 하겠다고도 하지 말고 안 하지만 않으면 됩니다.

이렇게 하여 무슨 일을 당하거나 무슨 생각이 나더라도 오로지 제 마음을 들여다보아 바치고 공부하면, 이 세상은 그대로 낙원일 것입니다.

2
금강경은 어떤 경인가

 이 경은 제목 음(音) 금강반야바라밀경(金剛般若波羅蜜經) 그대로 '금강석(金剛石)과 같이 귀하고 변치 않는 지혜〔般若〕의 배를 타고 괴로움의 바다를 건너 행복한 나라에 이르는〔波羅蜜〕 법〔經〕'을 뜻합니다.

 한마디로 '행복하게 사는 법' 입니다. 처음에 '공부하는 사람이 어떻게 머물며 어떻게 마음을 항복받아야 하리까' 로 시작하는데, 지금 이 땅에서라면 "어떻게 해야 세상 한번 마음대로 살 수 있겠습니까?" 라는 말씀과 같습니다.

 이처럼 금강경은 우리가 당면한 실질적인 문제와 그 해결법에 대한 부처님 당신의 가장 간절하고 골수가 되는 말씀을 담고 있습니다.

부처님께서 세상에 나오셔서 설법하실 때는 누구나 알아들을 수 있도록 쉽고 간단하게 말씀하셨을 것입니다. 그러던 것이 시간이 흐르면서 이것저것이 보태지고 연구되고 대승경전으로 조직화되고 확대되어 여러 지역으로 퍼져나가면서 오늘날의 팔만대장경과 같은 방대한 말씀의 바다가 되기에 이른 것입니다.

더구나 불경은 부처님께서 2500여 년 전 그 땅에 살던 사람들에게 그들의 언어로 하신 말씀이기 때문에 지금 그것을 보고 당신의 본뜻을 알기가 매우 어렵습니다. 그래서 옛날부터 수많은 주석서들이 나오고 또 연구가 축적된 오늘날 전문 학자들의 해석도 수없이 많지만 풀이하는 말씀조차 정말 '이 말씀이구나.' 하고 알아듣기가 쉽지 않습니다. 그러다 보니 모든 중생들이 고생을 떠나 해탈 열반의 행복한 삶을 살게 하시려는 당신의 뜻과는 영 어긋난 사정이 돼 버리고 말았습니다.

이런 난처한 사정은 1000여 년 전 중국의 수행자들도 마찬가지였습니다. 그래서 중국의 선각자들은 이 문제를 해결하고자 참선이라는 새로운 수행 방법을 내었습니다. 그 광막한 대장경의 바다에 펼쳐진 당신의 뜻을 뭉뚱그려서, '문자로 된 경전일랑 다 놓고 모든 경 말씀이 궁극으로 가르치는 제 마음에 바로 나가서 그 마음의 본성을 깨치면 부처님 당신처럼 행복하게 사는 사람이 된다(不立文字 直指人心 見性成佛)'고 하여 그 방법으로 참선이라는 훌륭한 수행법을 냈던 것입니다. 경전을 놓고 마음만을 보고 공부하자던 그들이 그래도 이것만은 의지하고 참조하여 공부하는 것이 좋겠다고 하여 끝내 놓지 못하고 외면하지 못한 경이 바로 '금강경' 입니다. 그것은 이 작고 간단한 한권의 경이 방대한 대장경의 취지를 다 담고 있는, '부처님 말씀의 가장 간절하고 절실한 골수가 들어있는' 경이기 때문입니다. 또 백 선생님께서도 부처님 당신의 경지가 가장 무르익었을 때 당시 대중을 상대로 가르쳐 보시고, 행하여 보신 결과 꼭 밝아지도록 말씀하신 경이라고 하였습니다.

그래서 인도에서도 매우 중시되어 여러 경전 가운데 가장 많이 인용되어 왔고, 중국에서도 가장 널리 유포되고 독송·연구되어 그 주석서만도 혜승스님(638~713) 당시에 벌써 800여 종에 이른다 할 정도였습니다. 우리나라에서도 예나 지금이나 많은 전통 종파에서 각기 소의 경전으로 하여, 그들 교리의 전거(典據)를 삼고 있으며 중국과 일본 등 아시아 여러나라에서 승가·재가를 막론하고 가장 널리 지송(持

誦, 모시고 소리내어 읽음)해온 경입니다.

　부처님의 모든 말씀은 괴로움 속에 빠져 있는 중생들을 그 괴로움에서 벗어나 편하고 행복하게 살도록 하시려는 데 있습니다. 따라서 말씀하실 당시에는 누구나 잘 알아들을 수 있도록 매우 쉽게 일러주셨지만, 그때 그 지방 사람들의 말로 하셨기 때문에, 환경이나 습관, 사고방식이 전혀 다른 오늘날 우리에겐 생소하고 어려울 수밖에 없는 것입니다.

　그래서 옛 어른들은 처음 읽으면 혹 뜻을 잘 모를 수 있으나 소리 내어 자꾸 읽으면〔讀誦〕 글자 속에 담겨 있는, 그분의 밝은 뜻과 통할 수 있다고 하셨습니다. 따라서 자꾸 읽고 부지런히 실행하게 되면 차차 마음의 안정을 얻고 부처님 같은 지혜와 밝음을 드러낼 수 있을 것이요, 부처님처럼 평안하고 자유롭게 살 수 있을 것입니다.

"수보리여, 내가 진실로 그대에게 말하노니
어떤 남자나 여자가 이 경 가운데서
그저 조그만 시구〔四句偈〕 하나만이라도 듣고 외어서
다른 사람에게 이야기해준다면
그 복덕은 저 갠지스강 모래알같이 많은 삼천대천세계〔宇宙〕를
가장 귀한 일곱 가지 보석으로 가득 채워 보시를 한 복덕보다
훨씬 더 크리라." (금강경)

공부에 대한 문답(問答)

1
허망이란 무슨 뜻인가

　허망이란 첫째, '진실이 아니다. 거짓이고 가짜이며 꿈이다'는 말이다.
　진실이 아닌 거짓은 그것을 믿고 무엇을 할 수가 없다. 그걸 바탕으로 이렇다 저렇다 판단하거나 행동할 수가 없다. 꿈 또한 허망한 것이다. 연극이나 영화도 허망한 것이다. 그러므로 꿈이나 연극·영화 속 장면을 사실로 믿고 무언가를 판단하여 말하거나 행동할 수가 없다. 그랬다가는 거짓말쟁이나 사기꾼, 정신병자 소리를 듣는다.
　마음은 거짓말쟁이이고 생각 또한 순전히 가짜인데, 그것을 믿고 하자는 대로 했다가는 모두가 업 짓는 일이다. 언젠가는 낱낱이 대가를 치르고 갚을 도리밖에는 없다.

　그러나 세상을 살자면 많은 생각을 해야 한다. 더 많은 기발한 사고와 창의적 생각을 요구하는 것이 현실이다. 그런데 왜 모든 생각을 허망이고 거짓이라고 하는가? 우리의 일상은 생각을 쫓아서 아무 탈 없이 잘 지나가고 있는데 왜 그것을 믿고 행동하면 낭패고 불행한 결과가 온다고 하는가? 왜 모든 생각은 어떻게 해서든지 다 처리해야 한다고 말하는가? 어떻게 우리의 지각(知覺, 생각)이 모두 거짓이라는 말인가?

　아무 탈 없이 잘 지나가고 있는 것처럼 보이는 인생의 이면을 보면 불편 불만과 고통 속에서 허우적거리는 것이 현실이고, 그런 고단한 인생들로 가득 차 있는 것이 이 세상이다. 서로 바라보며 '그게 인생이려니(C'est la vie)' 하여 포기하고 사는 것 뿐이다.

　둘째, 세상만사는 양면(兩面)이다. 즉 두 얼굴을 가졌다는 말이다. 미녀와 야수의 두 얼굴을 한 몸에 가진 아수라백작처럼, 대소(大小), 장단(長短), 시비(是非), 곡직(曲直), 이해(利害), 화복(禍福), 희비(喜悲), 고락(苦樂), 명암(明暗), 미추(美醜), 표리(表裏) 등 두 얼굴을 가졌다. 그리고 그 둘은 반드시 수시로 교차한다. 그러므로 어느 한 쪽만 보고 '이렇다 저렇다' 판단하거나 믿어 버리면 그것은 허망이고 거짓이다. 크게 속고 그르칠 것밖에 없다.

돈이 많은 것도 가난도 높은 신분도 미천한 처지도 모두 좋고 나쁜 양면이 있다. 인생사 새옹지마〔塞翁之馬〕라고 하듯이 말〔馬〕이 새로 생긴 것도 아들이 다리를 다친 것도 다 좋고 나쁜 양면이 있다. 날씨가 좋은 것도 비가 오는 것도 다 좋고 나쁜 양면이 있다.

이것을 알면 가난하고 미천한 형편에도 남의 처지를 부러워만 할 일이 없고, 어렵고 불리한 경우에도 포기하거나 절망하고만 있을 일은 없다. 오히려 가난을 성공의 발판으로 삼고, 어려움을 발전의 기회로 삼을 수 있다.

가난이 허망한 것이 아니고 고정된 것이라면 그것을 벗어날 수 없다. 재산이나 성공이 허망한 것이 아니고 고정된 것이라면, 돈 있거나 성공한 사람은 겸손하고 삼갈 일도 어려운 때를 대비할 일도 없을 것이다. 그러나 부와 가난, 성공과 실패가 다 허망하여 양면이 교차하고 흘러가는 것이기 때문에 포기하거나 자만할 일이 아니다.

모든 것이 고정되어 변할 수 없다면 절망인데 허망하여 변할 수 있으니 희망이다. 허망은 생명이고 고정은 죽음이다.

이렇게 세상 모든 사물은 희비 고락, 음양 명암(陰陽 明暗), 이해 화복(利害 禍福) 등 양면이기 때문에 한쪽만 보고 울기만 할 수도 한쪽만 보고 웃고만 있을 수도 없다. 또 어느 한쪽만 가지거나 버릴 수도 없다. 좋은 얼굴만 하고 지내자고 할 수도 없고, 흉한 얼굴은 보이지 말라고 할 수도 없다. 한쪽을 원하면 다른 쪽도 함께 받아 들여야 하고, 이쪽을 하자면 저쪽도 마저 할 수밖에 없다.

흔히들 '복되고 이로운 일만 있어라, 즐거운 일만 있어라, 아름다운 것만, 맛있는 것만, 향기로운 것만, 기분 좋은 생각만…….' 하고 바라지만, 둘은 나누고 뗄 수가 없다.

이렇게 모든 것이 양면이고 교차하는 것이라면 이롭고 좋은 것이라 하여 지나치게 아등바등 얻으려 할 일도 아니고, 해롭고 나쁘다고 너무 쉽게 단정하여 배척하고 내버릴 것도 아니다.

'강도다. 사기꾼이다. 간첩이다. 마약했다. 바람 피웠다.' 모두 위법을 저질렀으니 나쁜 사람이다. 그러나 분명히 다른 면도 있다.

어떤 사람이 빵 훔치는 걸 목격했다. '백주 대낮에 이 두 눈으로 똑똑히 목격한 틀림없는 사실'이라는 것만 가지고 '도둑놈, 나쁜 놈' 하고 욕해 버릴 수 있을까? '눈으로 본

것'도, '나쁘다'는 판단도, '틀림없는 사실'이라는 확신도 모두 다시 생각할 여지가 많다.

그러므로 신문이나 방송을 곧이곧대로 믿고 '죽일 놈, 살릴 놈', '돼먹었느니 안 돼먹었느니' 하고 한 데 휩쓸려 무책임한 성토에 열 올릴 일이 없고, 돌아다니는 소문만 얻어듣고 동네의 심심풀이 스캔들 잔치에 끼어들어 구업(口業) 지을 일이 없다. 또 '만두가 쓰레기래! 닭고기는 병 옮는데! 쇠고기는 광우병이래!' 하고 어느 날 갑자기 채식주의자가 돼서 고행(苦行)할 일도 없을 것이다. 무슨 보도를 보고 무슨 소문을 들어도 반드시 다른 면도 있다는 걸 생각하며 부화뇌동(附和雷同)하거나 야단법석을 떨 일이 없다.

그런데 사실은 양면만이 아니다. 매사가 이두삼면(二頭三面), 즉 머리 둘에 세 얼굴이다. 어디 그뿐인가? 네 개 또는 다섯 개 그리고 그 이상의 얼굴이 있으니 뒤집으면 또 다른 얼굴인 것을 알아서 단정(斷定)하지 않고 집착하지 않으면, 누가 뭐라고 해도 '네-' 하고 항상 유유자적, 세상을 한가롭고 여유 있게 살 수 있다.

셋째, '시시각각 변한다, 무상(無常)하다'는 말이다.

연기의 산물, 무한 인연의 합성체

세상 모든 사물(事物)은 연기(緣起)의 산물이다. 곧 주체나 핵심이 없이 인(因)이 되고 연(緣)이 되는 여러 요소들이 모여 서로 의지하고 합쳐져서 이루어진 화합물이고 합성체다. 가위는 양날이, 삼각대는 세발이, 기계는 수많은 부품이, 생물 역시 여러 부속 기관이 서로 의지하고 합쳐져서 완성된 것이다. 그런데 한 사물을 이루는 인(因)과 연(緣)에 해당하는 여러 가지의 요소 또한 각각 연기의 산물로서 다른 여러 인연 요소가 모여서 된 것이다. 다시 말해서 가위의 한 날이나 삼각대의 한 발, 자동차의 각 부분 그리고 생물의 부속기관 역시 다른 여러 부속이나 물질의 결합으로 이루어진 것이다.

우리 몸도 머리와 사지 오장육부로 되어 있고 각 장부는 여러 작은 기관으로, 그 기관은 또 많은 세포로 이루어져 있다. 그 세포는 다시 무수한 소기관, 더 나아가서는 셀 수도 없이 많은 분자와 원자가 모여서 된 합성체인 것이다. 이렇게 세상 사물은 모두 무한한 인연의 합성체다.

합성체는 변한다

사물은 주체나 핵심이 없이 많은 요소가 모여 이루어진 것이기 때문에 인연이 다 하면 이내 흩어지고 만다. 따라서 계속 그 모양 그대로, 그 상태를 유지하지 못한다. 다시 말해서 모여서 된 것은 시간이 가면서 다시 흩어지게 되는 데 그 요소들이 한 없이 많으면, 모이고 흩어짐은 쉴 새가 없을 것이고, 요소들의 집합체인 사물 또한 쉴 새 없이 변할 것이다. 우리 몸도 마찬가지다. 몸을 구성하는 수많은 세포들이 시시각각 해체 사멸하고 그와 함께 몸의 각 기관이 변하고 결국 몸 전체가 시시각각 변하고 있다. 곧 우리의 몸은 쉴 새 없이 바뀌고 있다. 성장하며 늙어 가고 있다.

생각도 합성체, 허망하다

우리의 생각이나 느낌, 판단 역시 연기의 산물로서 여러 생각을 종합하여 새로운 생각이나 판단이 생기게 된다. 그런데 그걸 받치는 요소인 생각 하나가 무너지면 전체가 약화되고 결국 모든 것이 무너지고 만다. 지붕을 떠받치고 있는 기둥 중의 하나가 넘어지면 집 전체가 무너지게 되듯이.

아무리 단순한 지각, 가령 '사과다' 혹은 '덥다' 하는 것조차도 그것을 떠받치고 있는 여러 기둥 생각들이 있게 마련이어서 그 중 하나가 쓰러지면 '덥다' 거나 '사과' 라는 지각도 변하고 무너지게 된다.

그래서 수많은 생각의 결합체인 새로운 생각도 '변하지 않는 사실'이라고만 믿으면 낭패다. 아무리 굳건한 결심도 간절한 느낌도, 아무리 훌륭한 생각도 위대한 사상도, 아무리 명확한 이론도 불변의 원리라는 것도 시간이 가면 변하고 반대로 바뀌거나 사라지고 마는 허망한 것이다. 따라서 그것을 고정되고 틀림없는 것으로만 알면 잘못이다. 속는 것이다.

부귀영화는 물론 세상 모든 사물이 형체가 있건 없건 다 마찬가지다. 역시 수많은 인연의 합성체이므로 끊임없이 변한다. 변하지 않고 항상 똑같은 상태로 있는 것이 없다. 그래서 '일체는 무상하다'고 한다.

도대체 사물이 변하고 허망하다는 것이 우리 인생과 무슨 상관인가?
우리의 생각 지각에 대해 사실이라는 확신을 갖는 것이 사는데 무슨 문제가 된단 말인가?

사과는 며칠이나 일주일, 한 달을 두고 보면 맛이 달라지고 사근사근하던 것이 푸석푸석해지고 급기야 색깔이 변하면서 썩고 만다. 사과가 끊임없이 변한다는 것을 모른다면, 고정되어 그대로일 것이라고만 알고 있다면 그것을 썩혀버리는 일이 많을 것이다. 그런데 우리는 그것이 끊임없이 변하고 있다는 것을 알고 있다. 그래서 우리는 그 변화를 늦추기 위한 노력을 한다. 냉장 보관하는 것이다. 우리는 가구가 변한다는 것을 알고 있다. 그래서 여러 가지 보존 처리를 하여 변질을 늦춘다. 다른 사물의 경우도 변하고 있다는 것을 분명히 알지 못하면 거기에 적절히 대비하지 못할 것이다.

문제는 고생이고 윤회다

문제는 우리의 일상생활에만 있는 것이 아니다. 사과나 가구가 변한다는 사실을 모른다 해도 그리 큰 문제는 아니다. 보다 근본적인 문제는 모든 사물이 끊임없이 변하고 있다는 것을 분명하게 알지 못하는 것이다. 그리고 그것이 우리 삶 전체를 불행하게 하는 원인이고, 우리를 끊임없이 생사에 유전(流轉, 죽고 다시 태어남을 반복함)하게 하는 근원이 된다는 데 있다.

제행무상(諸行無常)

세상의 모든 사물은 다 강물 같고 바람같이 쉴 새 없이 변해가는 것, 허망한 것이다. 물건도 그렇고 사람도 그렇다. 세월 이기는 장사 없고, 세월 녹이는 미인(美人) 없다. 다 늙고 병들고 죽어간다. 세월은 부귀영화나 재산 재능, 신분 지

위나 명예 인기, 그리고 사랑 우정도 알아보지 못해서 시간이 흐르면 모두가 낡아가고 허물어져가고 마침내 사라진다. 허물어지고 사라져가는 것을 변하지 않는 것으로만 알고 집착하면 결과는 가슴 깊이 절절하게 쓰리고 아플 것밖에 없다. 고생일 것밖에 없다.

무상(無常)! 허무(虛無)! 애통(哀痛)! 비탄(悲嘆)!

넷째, 허망한 사물 그 너머 부처님을 보라는 말이다.

일체가 허망이면 나도 허망 너도 허망 이것저것이 다 허망이니 나를 비롯한 모든 사물이 서로 다르지 않고 둘이 아니라는 말이다. 이 세상 만물이 그 바탕에 있어서는 전체가 하나라는 말이다. 이 큰 하나(一合相)을 '부처', '진여' 혹은 '참나(眞我), 대승(大乘)'이라고 한다. 그래서 우리가 개별 사물의 허망함을 걷어내면 영원불변(永遠不變), 진실불허(眞實不虛), 유일무이(唯一無二)한 부처님을 뵙게 되는 것이다.

● 이것을 기신론에서는 '모든 것을 포괄하는 오직 하나의 실재로서 거기에는 일체의 구분이나 증감이 없다(謂一切法 眞如平等 不增減故)'고 하였다. (이홍우 저, 『대승기신론 통석』 김영사, 120쪽)

'허망이다, 거짓이다' 한 것은 허망하지 않고 거짓이 아닌, 실하고 참된 것이 있다는 이야기다. 참된 것이 있기에 거기 기준하여 허망과 거짓을 말한 것이다. 사물을 허망으로 보면 그 너머 진실이 보인다. 갖가지 글자와 형상을 넘어서 보면 그 바탕인 칠판이 보이듯이……. 그래서 금강경에 '그대가 본 모든 사물이 허망인줄 알면 바로 부처님을 뵙는다〔若見諸相非相 則見如來〕'고 하였다. 마치 뱀이 허망인줄 알면 그것의 빌미가 되었던 새끼줄이 보이듯이, 일체 사물이 허망인줄 알면 그 빌미 바탕이 되는 부처님〔如來〕을 뵙는다. 세상 모든 사물을 대하여 그 바탕인 부처님을 보라 해서 일체를 허망이라 하신 것이다.

세상만사라지만 그 속에 한결같이 부처님이 계시다. 부처님의 뜻이 담겨 있다. 그렇게 보고, 그렇게만 알면 우리는 스스로 궁리하고 근심 걱정하고 이렇게 저렇게 도모할 일이 없고 업 지을 일이 없다. 업 짓지 않으면 고생할 일 없고 나아가 윤회의 굴레에서 벗어나 해탈 열반이다.

• 불법의 핵심인 반야 곧 지혜는 일체 사물에 자성이 없음 즉 공함, 허망함을 보는 것이고 허망함을 본다고 하는 것은 그 저편의 진실 불허한 부처님을 보는 것이다.

2

이 엄연한 현실 앞에
일체가 허망이고 꿈이라는 말씀을
어떻게 받아들여야 할까

사람들은 일체가 허망하다고 하면 '아무 것도 없다'는 뜻으로 생각해서, '이렇게 분명한데 왜 아무 것도 없다고 하느냐', '보이고 들리고 잡히는데 무엇이 허망이냐'고 한다. 또 다 허망이라면 무얼 하겠다고 애쓸 것도 없지 않느냐고 한다. 그러나 허망이란 '없다'는 뜻이 아니라 '시시각각 변하고 이내 사라진다'는 의미다. 또 영원불변하고 고정된 실체(實體), 참된 본체가 아니라는 말이지 아예 없다거나 가치가 없다는 의미가 아니다.

그러므로 '부귀영화가 허망하다'고 해서 돈이나 재물, 명예 권력 같은 것이 다 소용없고 가져서는 안 된다는 말이 아니다. 단지 세상의 모든 사물과 그것에 대한 '좋다 싫다, 달다 쓰다, 아름답다 추하다'는 느낌과 판단들이 다 일방적인 것이고 겉모습만을 본 것이고, 이내 변하고 사라지고 말 일시적인 것이라는 뜻일 뿐이다. 그래서 세상에 영원불변하고 완전하며 참되기만 한 것은 없다는 말일 뿐이다. 그리고 그렇게 쉽게 변하고 사라지고 말 것을 언제까지나 변치 않고 완전하고 참된 것으로 믿고 살 일이 아니라는 말이다. 그것을 믿고 사는 결과는 고생일 수밖에 없으므로 그런 믿지 못할 것들과 결별하고 변함없이 참된 부처님께 돌아오라는 말씀이다.

'공(空)'이나 '무(無)'라는 말도 마찬가지다. 아예 비고 없다는 뜻이 아니라 우리가 보고 아는 것에는 본체 실체가 비고 없다는 말이다. 현상(겉모습)까지 없다는 것은 아니다. 그런데 '공, 무'나 '허망, 무상' 그 자체도 공, 무이고 허망, 무상이기 때문에 그것을 불변의 결정적인 것으로 알고 거기에 빠져 집착하면 잘못이다. 그것은 도리어 올가미가 되어버리고 만다. 이른바 허무주의자가 되거나 심지어 자살까지 하게 된다.*

그러나 불교는 허무주의가 아니다. 부처님께서 허망을 말씀하신 것은 허망하지 않은 참된 것을 가르쳐주시기 위해서

다. 부처님 말씀은 병을 고치기 위한 약으로서 하신 것, 약은 병이 나으면 더 이상 가지고 먹어서는 해가 된다.

아버지가 '네 친구 아무개 아주 허랑한 녀석이더라'라고 했다면, 그 친구 믿고 아무 일이나 하지 말고 항상 경계하라는 말씀이다. 그러므로 제 생각에 아무리 믿을만하고 틀림없는 사람일지라도 경험 많고 지혜로운 아버지가 자식을 사랑해서 하신 말씀이니까 '그럴 까닭이 있을 거야' 하고, 상대하기를 삼가 하든지 항상 거리를 두어 쉽게 믿고 섣부른 행동은 하지 않을 것이다. 마찬가지다. 부처님께서 '허망이다, 꿈이다' 하신 것은 '그게 거짓이고, 여러 얼굴이고, 무상한 것이니 믿지 말고 속지 말라'는 말씀이다. 곧이곧대로 믿고 마음 붙여 경솔하게 행위하지 말고 일단 떼어 놓고 거리를 두어 바치라는 말씀이다.

제 보기에 아무리 확실하고 분명해도 부처님 말씀이니까 믿는 것이다. 그렇다. 세상만사 온갖 분별, 번뇌, 망상이 금방 근본 없는 허망으로 보이고 알아진다면 믿는다고 할 것도 없다. 너무나 명명백백(明明白白), 생생역력하고 끈질기니까, 부처님의 대자대비, 지혜난측함에 의지해서 '다 허망이고 꿈이라 하셨는데, 믿지 말라 하셨는데……' 하고 제 판단은 유보한 채 당신 말씀을 믿고 따르는 것이다.

꿈이고 거짓이라 하여 이내 마음이 쉬고 포기가 된다면 바칠 것도 없다. 거짓이고 꿈인데 무슨 궁리나 계산이 필요하며 무슨 행위를 도모하겠는가? 꿈이니까 깨고 말면 그만인데……. 그러나 너무 간곡절절(懇曲切切)하니까, 무량무수(無量無數), 무변무제(無邊無際), 즉 한도 끝도 없으니까, 앞으로도 뒤로도 옴짝달싹할 수가 없으니까 부처님의 자비무량(慈悲無量), 신통여의(神通如意)함에 의지해서 바치는 것이다.

그러나 믿고 바친다는 것이 어디 그렇게 쉬운 일인가?

형편 경계와 감정 궁리는 '나 여기 있소!' 하고 끈질기게 살아서 꿈틀거리고, 때로는 속에서 뜨거운 불덩이가 치밀어 올라오고, 때로는 가슴을 도려내듯이 절절하고 쓰리고 아픈데……, 때로는 '꿈에라도 제발! 다시 한번……' 할 정도로 그렇게나 좋은데! 그러므로 "부처님, 다 믿고 싶어요. 정말 다 놓고 항복하고 싶어요. 시봉 잘하기 발원-" 하고 부처님께 떼라도 쓰는 절박한 심정으로 오체투지(五體投地)•하고 간절히 원(願) 세워 기도하고 바치는 것이다.

• 양 팔과 양 무릎과 머리 곧 전신을 땅에 붙이고 절하는 최상의 예배. 몸 가운데 가장 귀한 머리를 가장 낮은 땅에 대고 예배하는 것은 지극한 공경의 표시이자, '나'를 온전히 비우고 바친다는 의미이다.

3
어떻게 세상만사 모든 문제에 바치는 공부만으로 대처할 수 있을까?

그럼 금강경 독송하고 '미륵존여래불'만 하고 있어야 하나? 병이 나도 병원에 가지 말고 바치기만 해야 하는가?

그렇게 할 수도 없고 꼭 그럴 일도 아니다. 그러나 공부하자면 일과 생활이 조촐하고 단순해지는 것이 좋다. 그래서 계율(공부하는 사람의 기본 생활규칙)을 말씀하셨다.

그런데 공부를 하면 시간이 흐르면서 일은 차츰 줄고 생활은 점점 단순해진다. 생각이 적으면 업 짓는 것이 적어서 일이 줄어든다. 마음이 쉬면 탐닉(耽溺, 몹시 즐거서 빠짐)이 적어져서 일을 벌이고 저지르는 것도 줄어든다. 공부가 오롯해지면 스스로 나서서 애쓰지 않아도 저절로 되는 일이 늘어나게 된다.

그러므로 생각은 부지런히 바치고, 몸가짐은 조촐히 하고, 생활은 단순하게 해간다는 것을 염두에 두고, 앞서 이야기한 '견법'과 '행법' 공부를 조금씩 늘려 실천해가면 좋을 것이다.

병이 나면 두 가지를 해야 한다. 치료와 예방이다. 치료는 지금 드러난 병의 증상을 없애는 일이다. 예방은 발병 원인을 찾아서 다시 병나지 않게 하는 일이다. 위생에 주의하든가, 음식을 조심하든가, 규칙적인 운동을 함으로써 발병 원인을 미리 차단하는 것이다.

불이 나도 마찬가지다. 진화(鎭火)와 동시에 방화(防火)해야 한다. 타고 있는 불은 물을 부어 신속하게 꺼야한다. 그러나 아무리 열심히 물을 부어 꺼도 너무 큰 불이 났거나 다른 쪽에서 계속 불이 붙어 번져가면 소용없다. 이미 난 불은 빨리 끄되 발화 원인을 찾아서 더 이상 새로 불붙어 번지지 않게 해야 한다. 가장 중요한 것은 평소에 불조심 단단히 해서 큰 불을 내지 않는 것이다.

부처님을 믿고 바치는 것은 치료와 예방은 물론이고, 근본을 다스리는 일이다. 지금 형편이 급하다고 해서 원인과 근본을 다스리지 않으면 우선 급한 불을 끄고 치료를 했더라도 오래가지 못한다.

  지혜로운 사람은 비록 지금 형편이 어렵더라도 수입의 일정 부분을 떼서 저축함으로써 미래를 대비한다. 이처럼 마음을 바치는 일도 미리 예방하고 근본을 다스리는 것이다. 우선 급하고 바쁜 현실에 대처하는 것으로는 한가하고 여유 있고 행복한 미래를 보장할 수 없다. 근본을 해결하지 않고 현실에 급급한 미봉책, 응급조치만으로는 언제라도 헐떡거리며 살 수 밖에 없다.

4
일체가 비고 없다면서 바치기는 왜 바치라 하는가

'비고 없다' 그 한마디에 바로 꿈 깨고 편안해진다면 바칠 것도 없지만, 꿈 깨지 못한 형편에는 여전히 실감하며 고통 당할 수밖에 없기 때문에 꿈 깰 방도를 강구하지 않을 수 없다. 괴로움을 받을 '나'도, 괴로움을 줄 상대도, 괴로움의 실체도 본래는 없는 것이다. 다 무상이요, 무아요, 허망이요, 공이요, 무다. 그러나 '모두가 허망하다, 공이다, 무다' 라고만 하면, 즉 몸은 여전히 꿈속인데 '다 공이라는데 뭘, 나도 뭣도 다 없다는데 뭘' 하고 머리와 입만 가지고 꿈 깬 소리하고 말면, 문제는 현실 그대로 인 채 허무와 나태에 빠져 그냥 흐지부지되고 만다.

'공이다. 허망하다' 하신 것은 공하고 허망한 그 가운데 확실(實)한 것을 보여주기 위해 하신 말씀이다. 곧 일체 사물이 자성(自性), 즉 본체가 공하여 허망하다면 나도 허망하고 너도 허망하며 이것저것 모두가 다 허망하다는 것이고, 이는 나를 비롯한 모든 사물이 서로 다르지 않고, 둘이 아니라는 말이다. 이 세상 만물이 나와 더불어 온통하나, '큰 나(大我)'인 셈이다. '큰 나'라는 한 바다 위에 일어난 크고 작은 파도와 물결이요, 한 나무뿌리 위에 자라난 수많은 잎새와 가지인 셈이다.

부처님께서 허망을 말씀하신 것은 각각의 사물은 허망하지만 그 바탕에 이 모든 사물을 다 포함한 '큰 나'가 있다는 것을 일러주시기 위해서다. 공하여 덧없는 겉모습 속에 변치 않고 실한 참나(眞我)가 있다(眞空妙有)는 것을 알려주시기 위해서다. 이것을 부처, 진여(眞如), 본성(本性), 불성(佛性), 자성불(自性佛), 도(道), 실상(實相) 등이라고도 한다.

그렇다고 이것이 (꿈속에 있는) 지금의 나는 아니고, 또 내가 아닌 것도 아니다. 내가 돌아가 만나야 할 '나', 미래의 (꿈 깬 뒤의) '나'라고나 할까? 그렇다면 될 부처, 오실 부처, 미래불, 미륵불이다. 미륵불은 오실 부처님 곧 내 속의 '참나'이자 '한마음'이다. 그래서 공부할 때 여기에 '부처님',

'미륵존여래불', '하느님', '한마음' 등 이름 아닌 이름을 임시로 붙여 놓고 모든 문제와 고뇌와 번민을 거기에 맡기고 바치라고 하셨다.

'나란 것은 본래 없다, 모든 것은 꿈이다, 공하다, 너는 부처님의 아들이다, 모든 이는 부처다' 하면 사람들은 믿지 않고 오히려 놀래서 도망간다. 그래서 떠돌아다니는 거지를 붙잡고 '돈 많은 어른이 계시는데 가서 일하면 먹고 살게 해준다'고 달래고 데려와서는 궂은 일부터 시켜서 차츰 직급을 올려주고 바탕이 갖추어진 후에는 '사실 너는 내 아들이었다'고 하신 것이다.

혜가 스님이 달마대사를 찾아가서 '제 마음이 괴로워 죽을 지경입니다. 어떻게 해야 합니까?'라고 여쭈었더니 '그 괴로운 마음을 어디 내놔봐라' 했다. 그러자 혜가 스님은 '이것이 본래 없는 것이구나'라고 금방 알아차리고 그 자리에서 괴로운 마음을 다 쉬었다.

그러나 보통사람들은 "괴로움이나 근심, 걱정이라는 것은 원래 없는 것이다. 네가 어리석어 그런 것이니 착각 속에 살지 마라"고 하면 대부분 믿지 않고 '그런 법문은 어려워서 나한테는 맞지 않는다' 하고 그냥 돌아가고 만다. 그래서 "그것도 좋으니 부처님께 바쳐라"고 하셨고, "사람들은 바치면 무슨 좋은 일이 되는 줄 알고 바쳤고 자꾸 바치다보면 실제로 좋게 되기도 하지만 '본래 있지 않다'는 것을 깨닫게 된다"고 하셨다.

사람들은 스스로 '부족하고 죄가 많다, 업이 두껍다'고 하여 괴로워하는데 죄와 업은 사실 실체가 없는 꿈과 같은 것이라고 하셨다. 꿈이란 그것이 꿈인 줄 알면 이미 꿈이 아니다. 죄와 업도 자기 본성, 즉 자기 실체가 없음을 들키고 나면 잠에서 깬 사람의 꿈처럼 홀연히 사라져버릴 수밖에 없는 것이다. 그래서 '죄란 본래 없는 것, 마음 따라 일어난다. 마음이 허망하니 죄 또한 허망하다. 마음 허망한 줄 알면 죄마저 없어져 둘 다 비니, 이렇게 하는 것이야말로 진정한 참회다'라고 하셨다.

공부라는 것은 본래 이렇게 만사가 근본이 없는 것임을 깨닫는 것이지 무엇을 찾아내어 갖기 위한 것이 아니다. 마치 양파 껍질을 하나하나 벗기면 결국 어떤 알맹이도 없음이 드러나듯, 공부를 계속하다 보면, 마침내 '분별이 본래 뿌리가 없고 실체가 없다'는 것을 깨치게 된다.

근본이 비고 없다고 하여 바칠 것이 없는 것이 아니고, 바쳐야 근본이 비고 없다는 것을 스스로 알고 체득하게 되는 것이다. 그래서 공부하는 것이다. 그러면 꿈에서 깨어나 어디에도 매이지 않고 자유자재할 수 있다.
비고 없다면 부처님도 없는 것 아닌가?

'비고 없는 허망한 것을 바치면 그곳에 부처님 계신다.'

[若見諸相非相 則見如來 = 眞空妙有]

5

잘 믿고 열심히 기도 수행하는데도 왜 형편은 쉬 바뀌지 않고 고생은 계속되는가

 타고난 이 몸뚱아리와 심성(心性)을 비롯하여 가족, 친지 그리고 지금 사는 형편이나 환경 그리고 가지고 받는 좋고 나쁜 모든 것은 다 과거 업의 결과, 업보다. 행복이든 고통이든 팔자가 좋든 궂든 그럴 업을 지어서, 그렇게 바라고 행동하고 노력한 결과다. 알고 했든 모르고 했든 내가 원하고 노력해서 받은 결과다.
 믿고 기도하고 수행하는 것이 분명 업보와 고통을 경감하고 치료하는 훌륭한 방법이기는 하지만, 이미 입은 상처는 아무리 잘 치료해도 그 과정에서 다소 아프고 시간도 좀 걸릴 수밖에 없는 것과 같다. 아무 일이 없었던 처음 같지는 않다. 그러므로 목련 같은 제자도 과거 업을 아예 면할 수는 없어서 이교도들에게 두들겨 맞아 비명횡사했고, 부처님께서도 부모, 형제와 동족이 몰살당하는 참극을 보고 계실 수밖에 없었다.

그러나 목련의 사망이나 부처님께서 당하신 부모형제의 몰살은 일반적인 생각처럼 억울한 비명횡사도 처참한 비극만도 아니다. 깨달은 이에게 그것은 치료를 위한 수술의 고통이요 골치 아픈 문제의 불가피하고 원만한 해결이다.

업보는 누구도 피할 수 없다. 그러나 수행을 통하여 밝은 눈을 얻는다면 어렵고 고생스러운 삶을 살면서도 그것을 달게 받을 수 있다. 아픔과 억울함으로 몸서리치며 분노와 두려움에 떨며 받아야 할 과보를, 불자(佛子, 부처님을 아버지처럼 모시고 그 가르침을 따라 사는 사람)는 구족한 희망 속에서 즐겨 받는다. 마치 같은 할복(割腹)인데도 강도나 폭도의 무도한 칼에 당하면 크나큰 고통이지만 의사에게 수술받는 환자는 병을 치료하기 위한 것이기 때문에 즐겨 받는 것과 같다. 업보란 무명 중생에게는 억울한 빚이고 고통이고 두려움이지만, 공부하는 불자에게는 빚을 갚는 것이고 멍에를 벗는 일이고 부처님 의사[大醫王]에게 수술 받아 아픈 부위를 도려내는 것이다. 이제 곧 병고에서 벗어나게 되는 일이므로 밝고 건강한 삶, 기쁘고 평안한 새 세상에의 희망이 구족하다.

불자는 인연업보의 이치를 분명하게 알기 때문에 더 이상 업을 짓지 않는다. 그러나 이 이치에 어두운 무명 중생은 업보가 두렵고 고통스럽고 억울하기만 한데다가 또 억울한 것은 갚아 풀어야 하기 때문에 다시 업을 짓는다. 그래서 그들은 '고(苦)-업(業)-고(苦)-업(業)'의 악순환을 벗어날 길이 없는 것이다.

이 몸뚱아리와 심성, 부모형제와 출생 환경은 오랜 과거로부터의 업보이지만, 현실의 상당 부분은 가까운 과거에 지은 업에 기인한다. 큰 흐름은 먼 과거 생으로부터 온 것이지만 표면의 물결을 만드는 것은 금생이고 멀지않은 과거다. 불법의 실천, 곧 공부는 큰 흐름의 업보를 즐겨 받게 하고 그 위 물결은 잔잔하게 하며 미래의 복되고 평안한 흐름을 탄탄하게 준비하는 지름길이다.

6
이 공부, 해도 해도 안 됩니다! 언제까지 해야 합니까

'안 된다'고 말하는 그 사람이 누구인가? 누가 그렇게 단정하는가? 공부를 해도 해도 안 된다는 바로 그 생각을 바쳐야 한다. 바친다는 것은 문제의 주범인 아상(我相)을 쉬자는 것인데 바치는 나나 바쳐지는 것이 있다(바쳐진다)든가 바쳐지는 것이 없다(안 바쳐진다)고 하면 다 잘못된 것이다. 금강경에서 공부가 되면〔如是滅度無量無數無邊衆生하면〕아상이 없다. 바쳐지는 것도 바치는 나도 없다〔無四相〕고 하였다. 그러므로 '공부가 된다, 안 된다'는 것 또한 허망한 단정, 바쳐야 할 한 생각일 뿐이다.

공부의 효과는 금방 드러나고 느껴지는 성과가 없다뿐이

지 알고 보면 노력한 만큼 정확히, 무척이나 빠르게 진전되고 있는 것이다. 매번 실시간으로 그렇게 당장 알 수 있는 것은 아니지만 바치다 보면 삶이 부드럽고 편해지는 것을 알 수 있다.

그래서 백 선생님께서는, 부산 가는 사람이 부산행 기차를 탔으면 바깥 경치나 구경하며 잘 앉아 있다가 '부산, 부산' 하고 방송 나올 때 내리면 될 것을, 기차 안에 타고 있으니까 이것이 가는 것 같지 않다거나 부산이 나타날 기미가 보이지 않는다고 마음이 조급해서 차안에서 뛰어 가면 더 빨리 가지느냐고 하셨다.

공부하다가 마음이 쉬어 퍽 조용하고 혹 황홀한 체험이라도 하고 나면 그것에 대한 미련을 가지고 '안 된다'거나 '그것을 놓쳐버렸다'고 한다. 이전의 어떤 상태로 돌아가려고 해서 '잘 안 된다. 마음 안정이 잘 안 된다. 들떠있다'고 하는데 지금 여기, 안 되는 그는 누구인가? 들떠 있는 그는 누구인가? 치료하고 건강해져서 다시 문제가 없는데 시원하게 치료되는 체험을 다시 찾을 일이 무엇인가?

수많은 생을 무명에 잠겨 그것에 습관되어 살아왔기 때문에 마음속 너무 깊이 생각의 재산이 가득히 쌓여 있다. 바치고 바쳐도 그만큼 드릴 재산이 많이 남아 있어서 쉽게, 눈에

띄게 달라지지 않는다. 마치 너무 오래 책을 놓아버리고 놀았던 학생이 다시 책을 펴들고 공부하려면 금방 성과가 나지 않는 것과 같다.

그래서 이 공부는 끊임없이 지속적으로 해야 한다. 하다 말다 하다 말다 하면 할 때는 두어 걸음 앞으로 나갈지 모르나, 그만 두면 다시 세 걸음 네 걸음 물러나고 만다. 그래서 '급하게 헐떡거리지 말고 면면히, 끊어짐 없이, 가야금 줄을 고르듯이 너무 탱탱해서도 안 되고 너무 느슨해서도 안 된다고 하셨다.

그러나 바쳐도, 바쳐도 분별 궁리는 그치지 않고 문제는 오히려 더 생기는데 어찌할까?

도가 높아갈수록 마(魔)는 더 치성하고 짓궂게 훼방놓는다〔道高魔盛〕 하지않던가? 일하지 않으면 방해꾼 만날 일도 없고, 새 길 닦으려하지 않으면 험산과 준령을 만날 일도 없고, 신세계를 개척하려 하지 않으면 난파와 좌초의 위험에 부딪칠 것도 없다. 빚 갚겠다고 하니까 옛 장부 이것저것 들춰내는 거고, 잘못됐던 것 해결해 가는 과정이라 여러 가지 새 문제도 만나게 되는 것처럼 바치고 공부하겠다니까 자꾸 나오는 것이다.

그러니 애초에 없던 것이 생겨나는 것은 아니고 많든 적든 어렵든 쉽든 다 자기가 만들어 넣은 것들인데 그 동안 어두워 보이지 않았다가 밝아지니까 이제 하나하나 보이는 것뿐이다. 지은 업이라면 남김없이 스스로 감당해야 하는 것이다. 힘들다고 해서 그냥 덮어 두면 언제까지나 가려진 채로 어둠 속을 헤매야 할 것인데 지금 나왔으니 그저 반가운 일, 잘된 일이고, 철저히 해결할 일이다.

아무리 많고 힘들어 보여도 부처님 터억 믿고 묵묵히 바치다보면 결국 밝아지게 될 것이다. 정상 바로 밑이 제일 힘들고 숨차는 법 아닌가?

속지 말라는 말이지 없애라는 것이 아니다

이 공부를 생각을 없애는 것으로 잘 못 알고 있는 사람들이 많다. 그래서 '바치라'고 하면 생각을 없애려고 하여 '아무리 바쳐도 없어지지 않는다'거나 '공부가 안 된다'고들 한다. 그러나 생각은 허망한 것, 어떤 수단을 가지고 없앨 수 있는 것이 아니다.

그래서 '작지임멸(作止任滅)하지 마라'하셨다. 바치기만 하지 이렇게 저렇게 어떻게 하려고[作] 하거나 나오는 것 막으려[止] 하지 마라. 그렇다고 다 놓고 내맡겨 두어도[任] 안 되고 없애버리려고[滅] 하지도 마라. 본래 허망한 것은 그 자체를 없애려고 해서는 성공하지 못한다. 그건 마치 '그림자를 파묻어 없애려는 것'과 같다.

분별이 문제가 아니라 처리가 문제다

'사나운 소가 문제가 아니고 어떻게 길들이느냐'가 문제이듯이 생각 분별이 문제가 아니고 어떻게 처리하느냐가 문제다. 분별은 달리보면 부처님께 통하는 관문이요, 건너가는 다리다. 그 관문을 지나지 않고 그 다리 밟지 않고는 당신께 갈 수 없다. 그 생각[相] 없고 분별 없으면 부처님 뵐 수가 없다. 그래서 부정하고, 막고, 없애고, 끊으려 할 것이 아니라 그것을 실재로 인정하여 속지 말고 같이 놀아나지 말라는 것이다. 그러기 위해서 부처님께 바치는 것이다.

모두가 부처님, 당신 하신 일 [一切唯佛造]

또 달리 보면 모두 당신이 하시는 일이고, 당신이 만든 문제다. 그럴 일이 있어서 만든 것이고, 당신 뜻이 있어서 만든 문제다. 괴로운 마음도 나쁜 마음도, 그 일 그 생각도 다 알고 계신다. 설사 못난 꼴, 서툰 짓이라 하더라도 모두 당신, 당신의 일이니 거기다 '나'를 붙여서 이러니 저러니 시비하고 다툴 일이 아니다. 꾸짖거나 원망하고, 구박할 일이 아니다. 오직 믿고 조용히 구경하고 다 수용하여 당신께 돌려드릴 일이다.

해도 해도 안 된다? 그래 백 번을 양보해서 어렵고 힘들다 해도 당신 모시는데, 당신 위해 그 정도 수고도 고생(고통)도 감수(甘受) 못할 건가? 이 세상 어디에 그 정도 노력 없이 이루어지는 일이 있는가? 그정도 고생도 시련도 없이 살아가는 중생이 있는가?

그러니 절대로 믿어라. 자식 괴롭히고 자식 해롭게 하는 부모 봤는가? 하면 한 만큼 되고 있는 거니까 그렇게 쉽게 단정해버릴 일이 아니다. 아직 목숨 붙어 바칠 수 있으면 고맙고 감사한 일, '밥 빌어먹을 힘만 있어도 그건 하늘의 축복이다'고 했다지 않던가?

7

견법, 행법 다 아는건데

諸行無常 是生滅法 제행무상 시생멸법

生滅滅已 寂滅爲樂 생멸멸이 적멸위락

생겨난 모든 것은 다 영원하지 않아, 생겼다가 사라지는 허망한 것. 생기고 사라짐 극복하고 나면, 나고 죽음 없는 적멸이 진정한 행복이라네.

이것은 부처님의 가르침(佛法)의 핵심을 단적으로 표현하는 열반경의 유명한 시구(詩句)중의 하나다. 앞의 여덟 자 '諸行無常 是生滅法'은 '세상 모든 사물이 다 생겼다 사라지는 허망한 것'이라는 인간세상의 바른 모습(실상, 實相)이자 문제를 말한 것이고, 뒤의 여덟자 '生滅滅已 寂滅爲樂'은

'생기고 사라짐을 극복하여 나고 죽음이 없을 때 그것이 진정한 기쁨이고 행복'이라는 그 해결책을 말한 것이다.

공부는 첫째 현상을 바로 보고 곧 문제를 바로 알고 나서 둘째 실천으로써 그것을 해결하는 것이다. 곧 이 공부, 불법의 수행은 견법, 행법의 두 가지 원칙에 따라 생활하고 살아가는 것 외에 다른 것이 아니다.

'천가지 생각이 한번 실행함만 못하다' 하셨고, 아는 것 못지않게 끊어짐 없는 면면한 실천이 중요하다 하셨다. 좋은 약을 아무리 많이 알고 아무리 많이 가지고 있어도 꾸준히 복용해서 효과를 보지 못한다면 무슨 소용이 있겠는가?

세상에 아주 어려운 것까지 아는 사람은 많으나 가장 쉬운 것을 실천하는 사람은 적다. 그래서 도달하고 못하고는 많이 알고 적게 아는 것에서가 아니라 아는 것을 꾸준히 실천하느냐 아니냐에서 가름난다.

두 원칙을 실천하는 데 있어서 늘 잊지 말아야 할 것은, '예외가 없다'는 것이다.

1) 허망하다는 데 예외가 없다.
2) 세상 일이 아무리 많고 다양해도 대처하는 방법은 오직

한 가지, 바치는 것뿐이라는 데 예외가 없다.

'목갈라나'라는 학자가 부처님을 찾아와 이야기하다가 여쭈었다.

"부처님께서 가르치시면 제자들은 모두 열반에 도달합니까?"

"열반에 도달하는 사람도 있고, 도달하지 못하는 사람도 있다."

"열반이 있고, 또 열반으로 가는 길을 부처님께서 바르게 가르쳐주셨는데, 왜 어떤 제자는 열반에 도달하고, 어떤 제자는 열반에 도달하지 못합니까?"

"목갈라나여, 그대에게 묻겠다. 그대는 라자그리하(당시 마갈타 국의 수도)를 알고, 라자그리하로 가는 길도 알고 있지 않는가?"

"예, 알고 있습니다."

"만약 사람들이 그대에게 라자그리하로 가는 길을 묻는다면, 그대는 아는 대로 바르게 그 길을 가르쳐줄 것이다. 그러면 그대가 가르쳐준 대로 바르게 끝까지 가서 그 곳에 도달하는 사람도 있을 것이고, 또 가르쳐준 대로 바르게 가지 않든가 또는 게을러서 가다가 중도에 단념하여, 라자그리하에 도달하지 못하는 사람도 있을 것이다.

라자그리하도 있고, 그 곳으로 가는 길도 있고, 또 그 길을 그대가 바르게 가르쳐주었는데 왜 어떤 사람은 그 곳에 도달하고, 어떤 사람은 도달하지 못하는가. 그대의 잘못인가?"

"저는 그 길을 가르쳐준 사람이므로 아무런 잘못이나 책임도 없고, 또 제가 할 수 있는 일은 다만 길을 가르쳐주는 일 뿐입니다. 제가 가르쳐준 대로 간 사람은 라자그리하에 도달할 것이고, 그렇지 않은 사람은 도달하지 못할 것입니다."

"그렇다. 나도 또한 그럴 뿐이다. 열반이 있고, 열반으로 가는 길이 있고, 또 내가 그 길을 바르게 가르쳐주기도 한다. 그러나 내 가르침을 들은 사람들이 그렇게 실행하느냐에 따라서, 열반에 도달하는 사람도 있고, 도달하지 못하는 사람도 있다. 내가 길을 가르쳐준 다음에는 각자 하기에 달려 있다. 나는 다만 그 길을 가르쳐줄 뿐이고, 그들이 하는 것을 보고 '마침내 너는 번뇌가 없어지고 열반에 도달하였다' 라고 인정할 따름이다."

부처님 말씀을 듣고 아는 것 못지않게 실행이 중요하고, 또 실행하되 어떻게 실행하느냐가 중요하다. 실행하되 부처님 말씀대로 꾸준히 해야 한다.

안된다고 불평하는 사람들의 대부분은 알고 보면 머리로만 알뿐 실행하지 않거나, 실행하더라도 꾸준히 하지 않고 들쭉날쭉 하거나, 또 부처님 말씀대로가 아니라 제 생각대로 제 하고 싶은 대로 제 편리한 대로 실행하는 사람들이다. 부처님 말씀 '그대로' 받들어 '꾸준히 실행하는 것'을 잊지 말아야 한다.

"경 말씀을 아무리 많이 알고 외워도 실행하지 못하는 게으른 사람은 남의 소를 세는 목동과 같아서 공부의 결실을 얻기가 어렵네"(법구경)

8
다시
바치는법에 대하여

 허망이라고 하면 '없다'는 말로 알아듣고, 바치라고 하면 금방 없어져서 조용하고 편안할 것으로 기대해서, 자꾸 '이렇게 역력한데……', '바쳐도 안돼요', '금방 없어지지 않고 계속 불편해요'라고 성화들을 한다. 물론 어떤 분별 번뇌가 있기 때문에 허망으로 보라 하시고 바치라고도 하셨지만 그렇다고 해서 그렇게 하면 바로 없어진다는 뜻은 아니다. 그보다는 결국 변하고 사라질 것이기 때문에 믿지 말고, 속지 말고, 섣불리 행동하여 다시는 업 짓지 말라는 말씀이다.
 물론 허망으로 보고 무시해버리면 '소홀한 대접 때문에 오래 머물지 않고 가고 마는 손님'처럼 더 빨리 사라진다.

생각은 관심과 주의를 먹고 살아간다. 좋든 궂든 관심 가지면 그만큼 더 활발하고 왕성해진다. 무시해버리면 그것은 힘을 잃고 마침내 사라진다. 그러나 때로는 쉬 가지 않고 질기게 눌러 붙어서 못살게 구는 경우도 없지는 않다.

'갑돌이 그 녀석, 허망한 놈이다' 하는 것은 '없는 사람이다' 는 뜻은 아니다. 신실(信實)하지 못하니 믿고 같이 일하지 말라는 말이다. 친구를 믿지 않는 것과 친구하지 않는 것과는 다르다. 물론 믿지 않으면 친구 관계도 이내 정리될 것은 사실이다. 생각, 분별 또한 믿어주지 않고 대접하지 않으면 쉬 변하고 사라진다. 그러나 그것을 기대해서는 안 된다. 기대하면 '왜 빨리 안 가느냐?'고 성화하게 되고, 성화하는 것 자체가 잘 가는 놈마저 붙들고 늘어지는 것이 된다.

생각이나 감정을 붙들 수 있는가? 불가능하다. 아무리 붙들려고 해도 결국 가고 만다. 그렇지 않아도 가게 되어 있는 것을 성화하면 오히려 주저앉혀 지연시키는 꼴만 된다.

그러면 모른 체 방관할 것인가? 아니다. 제멋대로 방치해놓으면 모습을 바꿔가면서 계속 문제를 일으킨다. 마치 임무 교대를 하는 것처럼. 그러므로 성화도 하지 말고 감시 또한 게을리 하지 말아야 한다. 항상 방심하지 말고 살펴서 나오는 족족 허망한 것인 줄 알고 바쳐야 한다. 오직 바칠 뿐 그 다음의 어떤 결과도 기대하거나, 구하거나, 찾거나, 갖지 않는다. 그렇게 해도 남아서 뒤따라 나오는 마음이나 얻어지는 것이 있으면 그것 또한 다 바친다.

세상만사 일체를 허망으로 보고 바친다지만 사물 자체를 가져다 바칠 수는 없다. 죽은 송장이나 잠자는 사람에게는 세상만사가 없다. 견문각지(見聞覺知), 곧 보고, 듣고, 느끼고, 생각하는 작용이 없기 때문이다. 그러므로 세상만사는 곧 그것을 보고, 듣고, 느끼고, 생각하는 우리의 마음과 함께 있다. 세상만사는 우리의 마음이다. '우주는 오직 마음일 뿐이며 세상만사 모든 것이 생각일 따름이다. 어찌 꿈같고 허깨비 같은 허공 꽃을 애써 붙들려고 하는가?'

혜능스님께서 어느 절에 가셨는데, 바람이 불어 깃발이 펄럭이는 것을 보고 한 중은 '바람이 움직인다' 하고 다른 한 중은 '깃발이 움직인다' 하여 서로 다투는 것을 보시고, 스님께서 나서서 말씀 하시기를 '바람이 움직이는 것도 아니고 깃발이 움직이는 것도 아니다. 그대 마음이 움직이는 것이다' 고 하셨다.

일체를 허망으로 보고 바친다는 것은 이렇게 사물을 마음에서 보고 바치는 것이다. 사물을 보고 지각(知覺)하는 마음을 바치는 것이다.

행여 허망인가 아닌가를 확인하여 찾고, 허망으로 보인다 안보인다를 시비할 것이 아니다. 바로 그 마음, 대상을 보는 그 마음을, 보이나 안보이나 따지는 그 마음을 바친다. '보면 없다' 고 하셨다. 보이고 생각나는 대로 놓치지 않고 바로 바치면 된다. 그래서 혜능 스님은 다음과 같이 말씀하셨다.

"범부가 곧 부처요 번뇌가 곧 보리(智慧)니 앞 생각이 미혹하면 바로 범부요 뒤따라오는 생각이 깨달으면 바로 부처다. 앞 생각이 경계에 집착하면 번뇌가 되고 뒷생각이 경계를 여의면 즉시 보리니라".

'근본 바탕(佛性)을 보면 보통 사람(凡夫)과 깨달은 이(佛)가 다를 것이 없고, 무명번뇌와 지혜(菩提)가 다를 것이 없다. 지각하고 생각난 것을 실재로 알면 범부고 그것이 마음 속 영상으로, 허망인 걸로 깨달으면 부처다. 눈 앞의 사물, 생각을 실재로 알면 집착이 생기고 복잡한 궁리(煩惱)가 이어지지만 마음에 일어난 허망한 분별*인줄 깨달으면 생각이 그치고 밝은 지혜가 나타난다' 는 말씀이다.

'허망인가 아닌가, 보이나 안보이나?'를 따져보는 생각 자체가 바로 대상 경계를 붙드는 것이고 대상의 존재를 오히려 확고히 하는 것이다. 그러므로 찾고 보려는 바로 그 마음을 바쳐야 한다.

"다 바쳐라!"

9

법과 비법, 공부와 일, 수행과 수련

전도(顚倒, 거꾸로 된 생각)

20세기는 편리한 도구와 제도를 찾기 위해 변화하고 발전해왔다. 21세기는 더 눈부신 발전과 상상하기조차 어려운 엄청난 변화가 도래할 것이다. 특히 인터넷의 발달로 이제는 컴퓨터 하나만 있으면 모든 것을 앉아서 해결할 수 있는 시대가 되었다. 과거에는 컴퓨터를 주로 복잡하고 어려운 계산과 같은 특별한 일에만 사용했지만 이제는 생활의 필수 도구가 되었다. 통신, 오락, 멀리 있는 사람과 함께 쇼핑하기, 여행, 레저, 심지어 연애 까지도 모든 일상사와 삶이 컴퓨터로 해결된다.

그런데 모든 일을 컴퓨터로 해결하고 감정적 만족까지도 컴퓨터를 통해서 얻을 정도로 지나치게 의존하다 보면 마침내 그것이 없으면 죽는 것과 마찬가지가 될 정도로 중독자가 된다. 술이나 마약에 중독되고 나면 그것 없이는 잠시라도 살 수 없게 되듯이.

그러다 보면 도구였던 컴퓨터가 나의 분신이 되어 나와 컴퓨터를 구분할 수 없어지고 나중에는 컴퓨터가 내 주인이 된다. 우리가 몸과 마음을 '나'로 알고 거기에 매여 살듯이……. 주객이 바뀌면 좋은 세상을 누릴 수 없다. 술이 과하면 결국 술을 즐기는 것이 아니라 술이 술을 마시게 되듯이……. 도구를 내 마음대로, 내 뜻대로 사용하지 못하고 거기 종속되어 따라 다니게 된다. 그만두고 싶어도 떠나고 싶어도 떠날 수 없다.

사실 우리는 이미 '본래의 나', '참나(眞我 = 主人)'를 잊어버리고 몸과 마음을 나로 알고 모든 걸 그 가짜 나에 의존해 산다. 하지만 몸과 마음은 컴퓨터처럼 내가 사용하는 도구요 잠시 빌려 입은 옷일 뿐이다. 컴퓨터가 아무리 편리하고 기능이 훌륭해도, 옷이 아무리 좋아도 '나'는 될 수 없다.

손님은 왔다 가는 것이고, 도구와 소유물은 결국 쇠퇴하고 떨어져가는 무상한 것인데 그걸 '나'로 알고 마음 붙이면 언젠가는 사라지고 말 것이기 때문에 괴로움을 피할 수 없다. 그러므로 몸과 마음을 '나'로 아는 이 '뒤집힌 허망한 생각〔顚倒夢想〕을 멀리 떠나야 궁극의 열반〔究竟涅槃〕을 얻고' 괴로움에서 벗어날 수 있다.

법과 비법(非法), 도(道)와 술(術)

모든 문제의 원인과 해결을 밖에서 찾는 것은 외도(外道=非法)요 사술(邪術)이며 비법(非法)이고, '나'가 주인공이고 세상의 주인인줄 알아서 내 안에서 원인을 찾고 해결을 찾으면 법이요, 도요, 공부요, 수행이다. 이 마음 떠나 나와 너, 부처와 중생, 신과 보살, 기, 터, 운명, 사주, 팔자 등 세상 사물을 서로 다른 것으로 보고 닦으면 비법이고, 세상 법이며, 외도이고, 사술이다. 모든 것을 따로 보고 제각각 해결하는 것은 세상 법이다. 그러나 어떤 일, 어떤 문제도 제 한마음의 나툼〔顯現〕이고 제 안에서 벌어진 것인줄 알아서 오직 이 마음 바쳐 해결하는 것은 도요, 법이요, 공부다.

자신을 안으로 살피는 것이 수행의 출발이다. 모든 것을 내 탓으로 돌리면 법이고, 남의 탓으로 돌리면 비법이다. 내 탓으로 돌리면 업이 소멸되고, 남의 탓으로 돌리면 업이 되고 인과가 되고 괴로움이 된다. 나에게서 찾으면 완전하고 궁극적인 해결이 되지만, 나 아닌 다른데서 찾으면 임시방편이 될 뿐, 근본 해결이 못 된다. 신통한 것을 찾으면 법이 아니고, 제 안의 부처님을 믿고 바로 그것을 바치면 법이다.

'마음 밖에는 법이 없고 마음 안에서도 찾을 수 없으니 무엇을 찾겠는가? … 항간에서는 닦을 도가 있고 깨칠 법이 있다고 하는데 그대들은 무슨 법을 깨치며 무슨 도를 닦는다고 말하는가?(임제록)' 하셨다. 지금 여기에 충실하게 살면 법이고, 미래나 과거에서 찾으면 비법이다.

'왜 그랬을까? 잘해야지' 하면 공부가 아니고, 지금 바로 이 마음 바치면 공부다. 지금의 현실 문제가 공부거리고 화두인줄 알면 법이고, 공부거리를 따로 찾으면 비법이다.

모든 게 이 마음 안에 있는데(一切唯心造) 찾고 기다릴 게 무엇인가? '최고 궁극의 지혜라 할 진리가 따로 없다〔無有定法 名阿耨多羅三藐三菩提〕'라고 하셨는데, 다시 무얼 찾고 기다린다는 말인가? 일체 사물의 본체가 공하여 궁극은 없다. 따로 찾을 것이 아니라 찾는 그 마음을 바치면 바로 그것이다〔若見諸相非相則見如來〕. 굳이 필요하다면 '모두가 당신, 모든 일은 당신이 한 것, 그러므로 당신만이 해결할 수 있습니다' 하고 드릴 뿐이다. 다른데서 찾고 기다리면 법이 아니고, 지금 바로 당신께 바쳐 그렇게 쓰는 것이 법이다.

공부[修行]와 일

공부는 자기 마음을 다스리는 것이고, '일'은 이 세상을 직접 평화롭고 정의롭게 바꾸고 깨끗하고 아름답게 가꾸려는 것이다. 혼탁한 사회를 정화하고 개조하려는 건 일이고 사업이고, 혼탁한 사회 또한 제 마음 때문인 줄 알아서 그것을 바치고 닦는 것은 공부고, 수행이다.

우리는 매사에 나를 중심으로 생각하고 행동하는데 사실은 그 '나'는 허망한 것이다. 모든 문제 역시 마음이 만든 것이라서 그것 또한 실체가 없고 허망하다. 문제라고 하는 바로 그 마음이 문제다. 문제를 문제만으로 보면 세상일이요, 문제와 내가(내 마음이) 둘 아닌 줄 알면 공부다.

공부와 자선

가난하고 추위에 떠는 사람에게 밥을 먹여주고 옷을 입혀주는 건 구호(救護)고 자선이며, 그 가난하고 '불쌍한 사람'을 바치는 건 공부다. 공부는 근본을 세우는 일이고 자선이나 구호는 임시방편이다. 공부는 근본적인 원인을 다스려 해결하는 것이고 구호나 자선은 증상만 치료하여 일시적으로 완화시키는 것이다.

수행과 수련

어떤 사람에게 공중부양이나, 유체이탈, 성령, 방언, 견성, 그외 어떤 신통한 능력이 있다면 그것은 이미 법이나 도가 아니다. 수련은 그걸 통해 무언가 얻고자 한다. 수행은 얻겠다는 바로 그 생각을 바친다. 수련은 심신을 단련하여 육체적, 정신적 힘을 얻고자 하는 것이고, 수행은 마음을 바쳐서 단 하나의 생각〔相〕찌꺼기도 남기지 않는 것이다.

결론과 실천

금강경을 읽는 것도 중요하지만 더 중요한 것은 그 말씀의 실천이다. 모두 다 바치는 것이다. 모두 다 바치되 어떤 결과도 남김없이 바친다. 그래서 바치는 나도 바치는 것도 받는 부처님도 아무 것도 남음이 없게 바치는 것이다.●

바치는 '나'는 물론 바치고 닦은 결과 조차도 마음에 남기

● 이렇게 한량없고 수도 끝도 없는 중생을 바쳐서 부처님께 인도하여 열반에 들게 했더라도 한 중생도 열반 얻은 자가 없으리니, 무슨 말이냐? 수보리야! 바치고 공부하는 사람이 바치는 '나'나, 받는 부처님이나, 바쳐진 중생이나, 어떻게 얼마나 바쳤다 혹은 안 바쳐진다는 생각 같은 것이 남아있다면 참으로 잘 바치고 공부한 사람이라고 할 수 없기 때문이다.(如是滅度 無量無數無邊衆生 하되 實無衆生이 得滅度者니 何以故오 須菩提야, 若菩薩이 有 我相 人相 衆生相 壽者相이면 則非菩薩이니라 - 금강경)

지 않는 것, 곧 무사상(無四相)*이 공부의 가이드라인이고 기준이다. 그러나 이것은 세상의 상식이나 처세술과는 배치된다. 곧 사람들은 성과를 얻으려고 일하고 공부하는 것인데 성과를 아예 없게 하라니, 그럼 어떻게 된다는 건가? 어떻게 마음 쓰고 살아야 한다는 것인가?

 병 치료를 잘해서 참으로 건강체가 되고 나면 병도 몸도 없다. '병이 나았다'거나 '몸이 안 아프다'하는 것은 오히려 아직 완전치 못한 것이다. 다 잊고 없는 상태, 몸이 있는지 없는지 모르는 것이 완전한 건강이다. 그래서 도인께서는 '몸이 있되 있지 않는 것이 건강한 몸이고, 마음이 있되 있지 않는 것이 건강한 마음이다'고 하셨다.

 저 편하고 조용한 것을 목표로 정해놓으면 불편 불안하고 즐겁지 못할 때 그게 또 시비가 된다. '이러는 게 아닌데' 또는 '이래야 되는데……', '저래야 되는데……' 하는 마음이 자꾸 생긴다. 이래야 되는 것도 저래야 되는 것도 아니고 그저 편하고 의젓한 나까지도 남기지 않고 다 바쳐야 한다. 도통까지도 다 바쳐서 '나'가 없는 무아(無我)라야지, 이런 '나'나 저런 '나'나 그 어떤 근사한 '나'도 있으면 그것은 아니다.

그 어떤 것도 남길 것 가질 것이 없고, 그 어떤 것도 '이것이다, 저것이다' 혹은 '이렇다, 저렇다'고 마음 두어 머무를 데가 없다〔若心有住則爲非住〕. 그리하여 아무데도 집착하여 머문바 없는 그 마음이 일어나야 한다〔應無所住而生其心〕.

10

수심(修心),
마음을 닦는다고?

　사람들이 몸뚱아리 밖에는 모르고 그것을 위하느라 고생하니까 '몸뚱아리 착 떠나라! 마음 닦아라' 하셨다. '마음을 닦는다'고 하니까 "마음을 닦아서 '맑고 깨끗해진 마음', '조용하고 평안한 마음', '무집착의 마음'을 가지라는 것이구나" 하여 그것을 목표로 삼는다. 마음에 대해 호감을 갖고 (경계심이 없이) 심지어 마음의 어떤 궁극적이고 높은 경지에 도달하는 것이라고 생각하기도 한다. 그러나 진아 열반*은

---

* 진아(眞我) 곧 참나가 누리는 마음 상태가 열반이다. 그러나 그 '나'는 너에 대한 '나'나, 세상에 대한 '나'와 같은 상대적인 '나'가 아니다. 그 모든 것을 다 포함하는 큰 '나'다. 모든 개울과 강물이 결국 도달하는 바다처럼.

이 마음 가지고 도달할 수 있는 그 어떤 곳이 아니다. 조용하고, 깨끗하고, 평안하고 걸림없는 그 어떤 마음의 상태나 경지도 아니다. 그래서 '마음의 어느 경지에라도 집착하고 머물면 참된 것이 아니다〔若心有住 則爲非住〕'고 하였고, '모든 분별 경지를 다 떠나면 부처라고 한다'〔離 一切諸相 則名諸佛〕하였다.

당신께서 마음을 이야기하신 것은 마음의 어디가 종착역이어서가 아니라 몸이나 밖의 대상에 지나치게 빠져 있으니까 우선 거기서 떼어 내기 위해서 몸이나 밖의 대상만 쫓지 말고 네 속마음을 봐라 하신 것이다. 마치 부산에 있는 사람에게 서울을 가르쳐 주려니까 '우선 북쪽으로 가라' 한 것이지 북쪽이 다 서울은 아니듯이.

깨달음은 몸이 아닌 마음의 그 어떤 높은 경지가 아닌가?

평안하고 적정한 경지가 아닌가? 옛 어른들은 부처님도 오직 마음하나 말씀하신 거라고 하지 않았나? 8만사천 법문(法門)이 마음〔心〕하나 만을 말씀하셨다고 하신 것은?

첫째, '마음, 마음' 하는 건 마음이 중요하고 가져야 할 것이어서가 아니다. 마치 도둑이나 사기꾼처럼 조심해야 돼서 그런 것이다. 육체 곧 오감의 대상(욕락)에 지나치게 빠지고 매여 있으니까 거기서 떼어 놓기 위해서 마음을 강조해 말씀하신 것뿐이다. 마음이 그곳에 이르는 관문(關門)이긴 하지만 그 문에 멈춰서는 다다르지 못한다. 그 문을 통과하여 앞으로 나가야한다. 과거에 살던 곳에서 완전히 벗어나서 새 세상으로 들어가야 한다.

그런데 그게 도둑이고 사기꾼이라면 왜 사기꾼, 도둑을 잘 살펴라 하시는가?

그놈이 귀하고, 좋고, 친할 놈이래서가 아니라 속지 않기 위해서다. 당하지 않기 위해서다. 당하지 않기 위해서는, 분별 생각 나오는 대로 거기다 나를 붙여 '나가 이렇다'거나 '왜 이러냐'고 시비하지 말고 제3자인 어떤 사람, 곧 부처님 시봉하는 어떤 보살이 그런 것으로 지켜보고 구경하라.

'나'를 붙여 '내가, 내가, 내가…….' 하면 그건 곧 업이 되고 확대·재생산되지만, 어떤 이가 그러는 걸로 구경하면 그것으로써 끝이다. 그러니까 이쁘건 밉건, 좋건 나쁘건, 번뇌건 안정이건, 가리지 말고 갖지 말고 다 바쳐라. 부처님 형상이건, 보살의 형상이건, 악마의 형상이건 다 바쳐라.

둘째, 이 마음은 도달해야 할 목적지가 아니다. 그것이 마음을 통해서 들어간다 해서, 또 그 위에서 이 마음이 일고 사라진데서 물결과 바다에 견주어 바탕마음이니 참마음이니 뭐니 '마음'을 붙여서 이야기하지만, 생멸부침(生滅浮沈)하는 이 마음은 결코 아니다. 허망무상하고 믿을 수 없는 이 마음은 전혀 아니다. 꿈속의 어떤 상태도 완전히 통과해서 벗어나야 한다.

마음은 우리를 속이지 않는 법이 없다. 이건가 아님 저건가 끊임없이 믿고 또 믿고, 믿는만큼 속고 또 속지만, 그래도 다른 어떤 마음이 아닐까하고 신뢰를 버리지 않는다. 생멸변화하지 않으면, 무상하지 않으면, 속이지 않으면 그건 마음이 아니다. 언제까지 거기에 속고 살 것인가?

또 마음이 변치 않고 가지 않고 머물러 있다고 해도 그건 엄청난 문제다. 오히려 더 큰 문제다. 춥지 않고 덥지 않고 온화하기만한 기후가 좋은가? 사계절이 분명한 것이 좋은가? 일렁임 없이 잔잔하기만 한 바다가 좋은가? 파도가 쳤다 잔잔하다 하는 게 좋은가? 파도를 탈 수 있는 사람한테는 파도가 전혀 문제 되지 않는다. 그렇게 속으면서도 '이번은, 이번만은' 하면서 또 믿고 붙잡으려 한다. 그렇다고 시비할 것도 아니다. 배척해 버릴 것도 아니다. 그냥 놔두고 끼어들어 함께 놀지 말고, 떨어져 바라보고 구경이나 하라.

마음의 어떤 경지가 아니다

자꾸 불편한 것을 피하여 평안함과 안락만 찾고, 닦는다는 사람들은 삼매(三昧)니 열반이니 하여 어떤 황홀한 경지를 구경의 깨달음이라 생각하고 그걸 구하여 정진하는 경우가 많다. 또한 어떤 한 대상에 몰두하여 다른 생각이 없는 경지를 그것으로 착각하는 수가 많다.

그런데 마음이 없는 경우는 두 가지다. 아예 없는 목석이나 송장이거나 잠시 활동 중단된 잠이나 삼매같이 정지되어 있는 때이다.

삼매(三昧)란 마음이 어떤 것에 열렬히 관심을 가지면 그 관심의 대상과 하나가 되는데 (독서삼매, 음악·영화삼매. 사랑삼매), 보이는 것과 들리는 것 하나가 되는데, 이것도 결국 마음의 한 상태(황홀한 몰입상태)로서 지속될 수가 없다.

"황홀경은 왔다가 가는 것. 허망하긴 마찬가지입니다. 그 이유는 인간의 뇌가 그 긴장을 오랜 시간 견딜 수 없기 때문입니다. 오랫 동안의 황홀경은 그대 뇌를 태워버릴 것입니다.

자연에는 정지해 있는 것이 없습니다. 모든 것이 맥동하며, 나타나고 사라집니다. 심장, 호흡, 소화, 잠과 생시, 생과 사 등 모든 것이 파도처럼 오고 갑니다. 리듬, 주기성, 양극의 조화로운 교대가 법칙입니다. 삶의 형태(법칙) 그 자체에 반기를 들어 봐야 소용없습니다. 만약 그대가 변치 않는 것을 추구한다면, 마음의 경험을 넘어가십시오.(마하라지)•"

순전한 쾌락? 쾌락은 도구를 필요로 한다. 정신적 또는 육체적 도구는 모두 물질적이며 지치고 닳아빠지게 되어 있다. 그 도구들이 내는 쾌락은 강도와 지속성에 분명한 한계가 있다. 고통이 쾌락의 배경이다. 고통 받기 때문에 쾌락을 바라는 것이다. 하지만 쾌락의 추구 자체가 고통의 원인이 되는 하나의 악순환이 될 뿐이다.

이고득락(離苦得樂)이라니까?

고를 떠나 낙을 얻는다고 하니까 '그럼 평안하고 행복한 마음이겠다'고 생각한다. 그래서 자꾸 '왜 그런 평안하고 조용한 마음이 되지 않고 이렇게 바쁘고 복잡하고 번민에 찬 마음인가?', '왜 조촐한 한마음이 되지 않고 이렇게 탐진치 삼독으로 쌓여 괴로운가?' 한다. '왜 그 마음이 안돼?', '왜 안 바쳐져?', '왜 이 분별 안 쉬어?' 하며 성화를 한다.

그때 수보리와 가전연, 가섭, 목건련이… 부처님께 합장 공경하여 사뢰되, "저희는 대중의 웃사람들로써 이미 늙었아오며 스스로 생각하기를 '이미 열반을 얻었노라' 하면서 더 할 일이 없다하여 다시 나아가 아뇩다라삼먁 삼보리를 구하지 아니하였나이다." 하였다. (법화경, 신해품)

초기 불교에서는 번뇌를 끊는 것이 최고의 목표이자 해탈이었다. 소승적인 해탈이었다. 그러나 대승불교에 접어 들어서는 소승과는 달리 해탈 열반의 안락함도 거기 머물러 집착하지 않는다. 또 무명도 실체가 없는 것으로 반야지혜와 다를 것이 없고, 윤회 또한 해탈열반과 분별될 것이 없다고 했다.

"무명도 없고 무명에서 깨어남도 없고 늙고 죽음도 없고 늙고 죽음을 벗어남도 없고 고(苦), 집(集) 멸(滅) 도(道) 4가지 거룩한 진리도 없고 열반으로 가는 지혜도 없고 깨달음을 얻을 것도 없다." (반야심경)

너무 고생하고 갈등하고 불안·미안 속에 사니까 급해서 무명과 평안·행복·안정을 말씀하신 것이지 그곳이 종착역은 아니다. 그 마음 안에서 좀 안정적이고 편하고 자재하다는 것은 그래봤자 허망이긴 마찬가지다. 지속될 수 없는 꿈이긴 마찬가지다. 꿈속에서 아무리 높고 행복해봐야 깨고 나면 아무것도 아니다.

이 마음도 저 마음도 아니다

이 마음(불안, 번민) 말고 왜 저 마음(평안, 안정)이 안 되냐고 하는데 그놈이고, 저놈이고, 사깃꾼이고 도깨비(허망)이긴 마찬가지다. 그놈이 가사를 입었건 작업복을 입었건 속이고 사기치는 놈이긴 마찬가지다.

그러나 그렇게 해서 몸에 대한 집착이나 세상의 오욕락으로 부터 마음을 돌린 것은 잘했다고 할 수 있으나 거기서 또 착오 집착을 일으킨다. 마음에 대한 집착이 생긴 것이다.

몸과 마음은 둘이 아니다. 몸은 떠나도 좋고 마음은 붙잡아야 하는 것이 아니다. 마음의 차원 높은 어느 지점이 아니다. 마음으로 느껴지고 알아지는 어떤 지점도 아니다.

맑고 더럽고 간에 조용하고 시끄럽고 간에 성스럽고 천박하고 간에 편하고 괴롭고 간에 마음이란 친하고 가질 것이 못된다. 마음(정신)의 어떤 특이한 발전 상태도 깨달음이 아니다. 마음은 닦아서 본래 있는 맑음이 드러나는 것이지, 특별한 무엇이 되거나 어떠한 경지에 도달하는 것이 아니다. 무엇이 되는 것은 꿈속의 일이다. 꿈속에서는 아무리 변화하고 발전해 봐야 허망하기는 마찬가지다. 깨어나야 한다.

맑은 거울은

사실 될 것이 없고 될 일이 없다. 더럽혀진 거울은 닦아서 본래의 맑은 거울이 드러나게 하는 것이다. 애써서 어떤 높은 경지에 도달하는 것이 아니라 내 속에 있는 것을 발견하는 것이다.

그러므로 '내가 무엇이다'라고 하는 것은 다 옳지 않다. 어떻게 무엇이 되고 어떤 상태가 되려고 하는 것은 본래 맑은 거울 바탕에 흰 페인트칠을 하는 것과 같다. 가리고 있는 그 생각, 곧 '무엇이다'라거나 '무엇이어야 한다'는 것만 닦아내면 거기에 본래 있는 것, 맑은 거울 바탕이 저절로 드러난다. 아예 없어야, 아무 것도 없는 거울이라야 사물을 또렷하게 바로 비친다. 그러므로 예외 없이 그 아무데도 머무르지 말고 다 바칠 일이다.

11

공부에 대한 오해들

무심(無心) 이래서 마음 없애라는 것 아니다

마음은 허망한 것. 손님이기 때문에 가만히 두어도 스스로 사라진다. 그러므로 지켜보는 것이다. 없앨 마음과 없애려는 마음과 그 마음들을 내는 그 바탕을... 있는 그대로 바라보는 것이다.

마음과 싸우지 말고 그것을 무시하면, 관심을 주지 않으면 점점 희미해지다가 사라지게 된다. 그런 줄 알고 나면 마음이 허망하게 문제를 만들어내는 것에 동조하지 않게 된다.

사실 마음을 다스리는 수단이란 없는 셈이다. 보면 곧 사라지는 것이 허망한 마음의 본성이다. 근본 없는 허망한 것은 없애려고 애쓸 일이 없다. 그러므로 그것을 없애겠다고 하는 것이 오히려 상대하여 붙잡는 격이 되기 때문에 그냥 물러나 떨어져서 무시하고 넘어가면 마음은 저절로 사라진다. 그것을 무시하는 방법이 곧 바치는 것이다.

황홀경[三昧], 열반심(평안), 신통?

온 적이 있는 것은 반드시 가게 되어있다. 모든 생겨난 것은 반드시 사라지게 되어 있다. 공부는 변화의 세계〔有爲世界〕를 뛰어넘어 (나고 죽음 오고 감이 없이 본래 그러한) 무변화의 세계로 도약하자는 것이다.

지리에 어두운 사람이 부산에서 서울 남대문을 물으면 일단 '북쪽으로 가라'고 한다. 어느 정도 근접했거나 서울 어디에 도착해야 '한남대교 건너서 쭉 가다가 1호 터널 지나서 퇴계로 나오면 거기서 좌회전하고……' 라고 보다 자세히 가르쳐주지 처음부터 남대문 이야기 해봐야 (너무 멀리 있어서) 알아듣기 어렵다. 그래서 일단 북쪽으로 열심히 가라고만 한다. 공부 역시 일단 큰 불부터 끄고, 거칠고 바쁜 마음부터 쉬고 차차 다음 단계로 나가는 것이다. 평안이나 삼매, 청정심과 같이 닦아서 되는 것은 다 이런 '북쪽'과 같은 중간 단계에 불과하다. 그러므로 어떤 마음이나 경지에 이르렸다거나, 어떤 신통이 생기고 신비한 능력을 가졌다 해도 그것은 결국은 다 바치고 지나가야 할 것, 어느 것도 갖고 머물 것이 없다.

세상살이 적당히 즐겨가며 공부? 욕심도 좀 두고 도통(道通)?

길이 다르고 노는 판이 다르다. 욕심이란 꿈속에서 잘 되려고 하는 것이고 통(通)은 꿈에서 깨는 것이다. 욕심은 꿈을 지속, 연장시킬 뿐이다.

잘해야(공부도 지계도 믿음도) 부처님의 자비도 가피도 온다? 잘못하면 처벌 당할까?

부처님의 자비는 무조건적이다. 어떤 일도 부처님의 자비 아닌 것이 없다. 어리면 어린대로, 못하면 못하는 그 단계에서 자비를 베푸신다. 다만 중생이 제 마음에 들고 들지 않고에 따라 스스로 자비다 처벌이다 구분해서 받아들이는 것뿐이다.

내가 왜 이러지? 아직도 이렇게 진심내고 시비 가리고?

'왜 아직도 이정도 밖에 안 돼지?' 하는 것은 여전히 그 판 속에서, 꿈속에서 향상·발전하겠다는 것이다. 잘한다고 의

기양양하고 희희낙락에 빠져도 문제이고 잘못한다고 후회하고 자책하고 가슴을 쳐도 문제다. 꿈속에서 이렇게 저렇게 잘 되려고 할 것이 아니라 '나'가 있는 그 판(꿈)에서 벗어나야 한다. 판 자체를 바꿔야 한다. 이러고 저러는 그 주체 바탕을 파고 들어가 근본을 뒤집어야 한다. 차라리 이러거나 저러거나 그대로 두고 구경하라.

안 바쳐진다?

바치는 것과 생각을 없애는 것은 같지 않다. 바치는 것이 마음 없애는 것이라는 바로 그 생각을 쉬어야 한다. 올라오는 마음이나 그것 없애려는 마음을 보면 그런 마음을 내는 거기가 있다는 것을 알아야 한다. 마음은 손님이라서 붙들려 해도 붙들지 못한다. 허망 무상하다. '없어졌나? 바쳐졌나?' 하고 찾는 그 마음이 다시 불러 올 뿐이다. '갑순이 잊어야지. 잊어졌나?'와 마찬가지다. 없어졌나 확인하고 없어지기 기다리는 마음이 바로 아직 붙들고 있는 거니까, 괴로워도 아예 '잘 놀다가라' 포기하고 바라만 보라. 바쳐지고 없어지기를 바라는 것은 드리고 나서 '이렇게 써라, 저렇게 써라' 하고 참견 하는 것이나 마찬가지다. 일단 드렸으면 부처님 당신이 알아서 하시도록 해야 바로 드리는 것이다.

바쳐도 바쳐도 한이 없고 힘들다?

세가지 오해. '첫째, 바치면 없어진다. 둘째, 바치면 조용해진다. 셋째, 바치면 편하고 시원해진다'가 있다.

물론 바치면 쉬고 조용하고 편안해지지만 얼마나 많이 들어 있느냐가 문제다. 얼마나 크게 번졌느냐가 문제다.

생각을 없애겠다고 성화하지 마라. 허망한 생각을 없애려고 아등바등 하는 것은 그 자체가 실재로 인정하는 것이고 나아가 부풀리고 키우는 결과가 된다.

마치 불을 끄겠다고 급하게 달려들어 몽둥이나 빗자루로 마구 두들기고 물을 퍼부어 대면 불씨가 튀고 산소 공급이 돼서 오히려 더 번지게 되는 것과 같다. 더 번지지만 않게 주위의 탈만한 것을 치우고 단속하면 불은 결국 꺼지고 만다. 마찬가지다. 마음공부는 급하고 격렬한 대결이 아니라 조용하고 침착한 단속이다.

그러므로 나오는 분별을 '왜 나오지? 왜 이렇게 자꾸 나오지? 이렇게나 한도 끝도 없지?' 하며 나오지 마라고 성화하는 것은 오히려 분별과 괴로움을 연장하는 일이다. 언젠가 집어넣어 둔 것은 결국 나와야 되는 것, 나오는 것이 오히려 잘 된 일이다. 이미 상처를 입었으면 지금 할 일은 약 바르고 잘 치료하는 것, 빨리 아물게 하는 것이다. '(분별)왜 나와? 왜 이렇게 많이 나와? 자꾸 나와?' 하는 건 이미 입은 상처 없으라는 것, 아프지 말라는 것, 아픔과 치유를 더디게 할 뿐이다. 그러므로 '왜 이렇게 끝이 없어?' 하기보다 '이렇게 많이 집어 넣었구나' 알고 기꺼이 바치는 것이다.

생각은 불과 같은 것이다. 조그만 불씨 하나가 그대로 두면 마침내 집을 태우고 큰 산을 태우게 된다. 불씨였을 때는 간단하게 비벼 꺼버릴 수 있지만 온 집으로 번진 다음에는 물 퍼붓는 것쯤 가지고는 끄기가 어렵다. 더구나 온 산에 붙게 되면 쉬 꺼지지 않는다. 불을 크게 만들어 놓고 아무리 물 퍼 부어도 안 꺼진다고 하면 말이 되는가?

한 생각 방심하고 놔두면 자꾸만 번져서 온 집을 태우고 산을 태우는 큰 불이 된다. 그때는 바쳐도, 바쳐도 안 된다고 한다. 방심하지 않아서 커지기 전에 꺼야한다.

너무 아프고 힘들다?

아무리 좋은 약을 쓰고 치료를 잘 한다고 해도 전혀 안 아플 수도 흉터나 흔적이 없을 수도 없다. 처음 같기를 기대하고 처음 같지 않다고 하면 아픔만 오히려 더 연장될 뿐이다.

아무리 좋은 치료도 원래로 돌릴 순 없고 아픔을 아예 없앨 수는 없다. 이미 업(業)지어 넣어 둔 것, 원래처럼 될 수도 없고 또 업보를 받는 데는 아픔이 없을 수 없다. 그런데 그 정도 아픔도, 진통도 없으라고 하면……?

이제는 최대한 처음과 흡사하게 할 수 밖에 없다. 그러나 거기에 아픔과 눈물이 아예 없을 수 없으니 그런 자식의 상처를, 아파하는 자식을 바라보시는 부처님께서는 참으로 안쓰럽고 안타까우셔서 '그래 아프지? 내가 다 안다. 네가 많이 아플 줄 잘 안다' 고 하신다.

부처님께서는 '이 세상 모든 중생의 사소한 마음 하나하나까지 낱낱이 보고 아시나니' 항상 중생들의 그런 상처와 고통을 바라보시고 어루만지신다.

상처입고 아파하는 자식을 항상 마음에 두어 염려하고 살피시는(善護念諸菩薩하시며 善付囑諸菩薩하시나니) 부처님께서는 애처롭고 안타까워 당신 눈에 눈물 어리지 않는 날이 없다. 그래서 자비(慈悲)의 부처님, 그야말로 사랑과 슬픔의 부처님이신 것이다.

알긴 아는 데 실행이 안 돼?

'말씀 따라 그렇게 하면 된다는 것 알기야 알지요, 실제가 안되서 그렇지. 머리로야 다 알지만 몸이 말을 안 들어요?'

되게 하려고 너무 애쓸 일이 없다. 버릇이야 습관이야 남아 있으면 나오고 하던 짓 하는 것이지만, 그것이 아닌 줄 분명히 알면 결국 제 집을 찾아가게 되어 있다.

소위 이성이란 놈이 힘들다고 아우성 칠 때, '나'를 보지 말고 부처님을 향하라. 모든 일이 부처님 뜻이 있어서 일어나는 일이다. 부처님 뜻대로 되는 일임을 굳게 믿고 철저히 맡겨라.

'부처님, 저 그러기 싫어요. 나쁜 짓 하기 싫어요 저 착한 사람, 고매한 사람 되고 싶어요. 왜 자꾸 이러시는 거예요?. 저지르라시는 거예요?. 정말 저 착하고 싶어요. 정말 저 이거 (탐진치) 다 버리고 여여청정하고 싶어요. 이 갈등 번뇌 다 떠나고 싶어요. 아무데도 걸림없이 자유롭고 싶어요.

그러나 부처님, 어디 자식 해롭게 하는 부모 있겠어요? 자식 생각이 부모 뜻만큼 깊겠어요? 그러니 부처님, 제 원대로 마시고 당신 뜻이 이루어지기를 발원(發願), 아픈 가슴으로 기원하나이다.'

'이 세상에 가슴 아프지 않는 중생이 있는 곳은 없다
 [世界之中 無非衆生受苦處]'

그러나 또 어떤 지독한 고통도 사라지지 않는 것은 없다.

실감나게 가슴 아프게 올라오는 감정이나 생각 다 허망한 줄 알고 그게 전부고 실제가 아니라는 것만 알고 그저 '부처님~' 할 뿐, 그것 가지고 시비 상대하지 말 일이다. 영화를 보면서 주인공을 따라 울거나 웃기는 하지만, 그것이 실재가 아니라는 것을 분명히 알듯이, 머지않아 이내 바뀔거라는 것을 알듯이, 영화는 끝날 것이고 결국 '아무 일 없을 텐데' 하고 끝을 기다리듯이······.

그러니 오직 한 순간, 한 시간, 하루만 살라. 되는 만큼만 하라. 그게 쌓여 3일이 되고 일주가 되고 한달 일년이 되는 것이다. 성현(聖賢)도 몸뚱아리 입고 있는 한 경계에 부딪쳐 느끼고 울고 웃고 하지만 그게 실재는 아니라는 것을 분명히 알고 있기에 거기에 더하여 어떤 생각을 연장하거나 상대하여 행동하지는 않는 것이라고 하셨다. 지금 이 한 순간이 전부인줄 알고 그렇게 공부하라.

평생을 공부했는데?

뭐가 있는 줄 알고, 뭐가 될 줄 알고 그토록 공부했는데 죽을 때가 다 되어서도 여전히 제 버릇 다 나오더라는데? 욕망과 무지와 진심이 그대로라는데······?

닦아 나아지긴 했으되 문제가 완전히 해결된 것이 아니기 때문이다. 닦아서 된 청정심, 적정심이 궁극은 아니다. 과거에 급제하여 승진·출세한 것일 뿐 아예 왕족이나 왕자의 신분을 회복한 것은 아니다. 되어진 것, 얻어진 것 알아진 것은 다 가짜다. 내가 아니다. 영원한 것이 아니다. 곧 마음 두고 가질 것이 못된다. 진리, 실재, 진아는 닦아서 되어지는 그 어떤 것이 아니다. 마음을 가지고 알고 되어지는 것은 그 마음의 것이지 본래의 그대가 아니다.

"마음을 쉬면 나는 (마음의 대상 곧 기억과 습관의 한 다발인 '나'가 아니라) 본래 존재하는 나로써 남게 된다. (마음에 의해 시작되고 기억된 내가 아니라) 원만 구족한 본래의 나만 남게 된다."

행복하거나 불행하게 되는 것은 마음을 자기라고 생각하기 때문이다. 마음을 나로 생각해서 마음이 좋으면 기쁘고 행복하다 하고 마음이 나쁘면 괴롭고 불행하다고 한다. 마음에 예속되어 있는 사슬을 끊고 자유로워져야 한다. 끊고 보면 완전하고 자유로운 진아는 고통스러운 노력 끝에 먼 미래에 얻어지는 어떤 것이 아니라 본래 영구적으로 내 것이어서 그대로 사용하기만 하면 된다는 것을 깨닫는다.

"그 사람을 그 사람이 아닌 어떤 다른 것으로 만들려고 그 사람과 싸우지 말고 생시 상태 넘어가서 (꿈 깨고, '나' '나' 하는) 그 개인적인 삶을 아주 떠나라."

오래 닦고도 성과가 없는 것은?

첫째, 대개가 마음의 어떤 경지라고 생각해서 궁극을 추구하거나, 의식이 정지된 상태에서의 황홀경(三昧, 황홀한 몰입 상태)에 탐닉해서 그렇다. '완전히 깨어 있는 의식 없이 어떤 진보가 있을 수 있겠는가?' 하셨다.

둘째, 사람들은 알려고만 하지 그 앎(인식, 지각)의 근원을 충분히 탐구하지 않아서 그렇다. 그들은 자신의 감각이나 느낌, 생각들을 모른다.

셋째, 마지막으로 성과를 바라는 욕망이 남아 있기 때문이다. 욕망이 남아 있다는 것은 당신께 믿고 맡기는 절대 공경이 아니라 '나'가 하겠다는 아상(我相)이 아직 남아 있는 것이다.

"세상에 대해서나 신에 대해서 다 믿고 맡겨서 아무것도 요구하거나 추구하거나 기대하지 않을 때 그럴 때 지고의 상태는 그대를 찾아 올 것이다. 청하지 않아도 예기치 않게……."(마하라지)

바치는 공부 너무 간단하고 쉬운데, 공부가 이래도 되나? 수행은 고행이 아닌가?

부처님은 팔정도 육바라밀 말씀하셨고 조사스님들은 염불, 참선하셨는데…….

간단해서 문제될 것이 있는가? 마음공부는 알아서 가지는 것이 아니라 한 생각, 한 생각을 비우는 것이다. 팔정도 육바라밀이 다 마음 쉬는 법이고 염불, 참선도 다 궁리를 쉬고 마음을 바로 보는 방법이니 바치는 공부 안에 그 모두가 들어 있다.

불법(해탈법)은 2500년 전 서가모니 부처님 이래로 수많은 도인들에 의해서 업그레이드 되어 왔는데 이 바치는 법은 그 최신판이다. 너무 간단하고 쉬워서 '공부가 이래도 되나?' 하고 오히려 믿지 못하고 의구심을 갖기도 하는데, 본래 스승보다는 제자가 쉽게 공부하고, 부모보다는 자식이 고생 덜하고 편하게 사는 법이다. 우리는 부처님처럼 고행하며 어렵게 공부할 일이 없다. 그저 믿고 '부처님' 하고 드리기만 하면 그것이 전부이다. 다 된다. 아무 일 없다고 하셨다.

세상일에 대한 문답

1

먹고 살기도 바쁜데 한가하게 무슨 공부

벽이 갈라지고 문이 뒤틀려 잘 여닫히지 않고 물이 새는 것은 집의 기초 공사를 잘못했기 때문이다. 그런데 벽이 갈라진다고 하여 그것만 고쳐놓고, 또 문이 잘 여닫히지 않는다고 하여 급하게 문만 맞춰놓는 것 또한 임시방편일 뿐이다. 기초를 바로 잡고, 근본문제를 해결하지 못하면 여기 저기 계속해서 문제가 생긴다.

근본을 치료하지 않고 병의 증상만 다스려서는 좀 나은 듯했다가도 다시 도진다. 세상 일 역시 문제의 근본을 다스리지 않고 목전의 불끄기에만 급급하면 갖가지 재앙과 사고, 분쟁과 불화가 끊이지 않는다.

우리가 늘 매달려 사는 일상사(日常事) 대부분은 증상치료요 임시방편이다. 근본 원인을 제거하고 아예 기초를 다시 하는 일이 바로 마음을 닦는 공부다.

공부란 알고 보면 지금 이 마음의 문제에 대한 대답이며 처방이므로 이보다 더 절실하고 가까운 일이 없다. 우리는 흔히 '이게 문제고 저게 문제다, 이래서 괴롭고 저래서 괴롭다' 고들 하는데, 이것 저것이 문제라는 그 판단에 문제는 없는가? 잘 생각해 보지 않는다.

문제라는 그 판단과 인식 자체에 문제가 있다면 해답이라는 것이 다 부질없는 것 아닌가? 기초가 제대로 안됐다면 높게 지었다는 것이 다 헛일 아닌가? 그래서 적잖은 사람들이 평생을 열심히 잘살고도 인생의 후반기에 이르러서 '그동안 헛살았어!' 하고 후회들 하는 것 아닌가?

흔히 현실 문제라고 하여 매달리는 일들이 남을 탓하고 외부의 환경을 바꾸려고 하는데 반하여, 공부는 상대의 잘못이 모두 거울에 비친 내 모습인줄 알아서 스스로를 변화시킨다. 지금의 주위 환경과 일어나는 모든 일들은 이전에 내가 한 일에 대한 정확한 반응이요 결과다.

그런데 설사 나쁘고 불리한 것이라도 반응이 있다는 것은 고마운 일이다. 반응이 없으면 형편을 알 수 없고 제때 고치지 못해서 급기야 치명적인 상태로 악화되어 버리고 만다. 그러므로 문제가 생기면 '왜 나한테 이런 일이?' 하기보다 '그래, 그럴 일이 있었구나!' 하고 반겨서 나를 알고 개선하는 것이 중요하다. 그것이 원인 치료이고, 그것이 공부다.

'먹고 살기도 바쁜데 마음 공부가 다 뭐냐, 이 바쁜 세상에 특별한 시간과 장소를 마련하여 장궤 정진하고 독경 참선하는 것이 무슨 도움이 되느냐' 고 한다. 그러나 공부는 바로 그 바쁜 병을 치료하는 약이지 부질없고 새삼스러운 일거리가 아니다. 바로 그렇게 바쁘니까 바치고 염불을 하고 화두를 드는 것이다. 바쁜 마음 치료하는 약이 참선이고 '미륵존여래불' 이고, '나무아미타불' 이다.

그러므로 이런 질문은 마치 '그렇지 않아도 병 때문에 힘들고 괴로운데 쓴 약이 다 무슨 소용인가?', '그렇지 않아도 곪고 찢어져 아픈데 수술은 왜 받아야 하는가?' 하는 것과 같다. 쓴 약이나 살을 도려내는 수술이 당장은 더 고통을 주지만 결국 상처와 병을 치료하듯이, 참선도 염불도 그렇게 바쁜 생활을 고치고 인간을 고친다.

사람들은 사느라 바쁘다고 하고 바쁜 것은 당연한 것처럼 이야기 하지만 사실은 몸만 바빠야지 마음까지 바빠서는 일도 제대로 할 수가 없다. 그 바쁜 마음을 치료하지 않고서는 무슨 일이든 정확히 판단하고 방향을 바로 잡아갈 수 없다. 방향이 틀리면 아무리 부지런히 노를 저어도 그 만큼 도리어 멀어지기만 할뿐이다. 공부는 '생활이 바쁜 것은 당연하다'는 생각을 치료하고 나아가 바쁘고 고단한 삶을 활기차고 여유 있는 삶으로 바꾼다.

그런데 도대체 바쁘기는 왜 그렇게 바빠야 하는가? 바쁨 그 자체가 어떻게 미덕이 될 수 있는가?

"누구나 늠름하게 밝아서 미리 근심 걱정하지 않아도 살 수 있다. 그러니 남이 장보러 간다고 덩달아 따라 나서는 사람이 되지 말라. 세상 사람들이 모두 바쁘게 다니고 여러모로 계획을 세우고 전전긍긍하며 산다고 나까지 그래야 하는 법은 없다. 바쁘고 걱정스러운 것은 제 욕심에 쫓겨서 그런 것뿐이다. 어차피 주어진 인생, 여러 가지 문제가 매일매일 닥쳐올 것이니 마음 푹 놓고 담담하게 하루하루 살아가는 게 어떠하겠는가."

(대행스님)

2

마음공부보다 다른 큰일을 해야 하지 않나

무슨 일을 하든 몸과 마음이 있어야 하는 것이지 송장이 할 수는 없다. 크든 작든 일을 잘하기 위해서는 건강한 몸, 바른 마음을 갖춰야 한다. 몸의 건강을 위해서 사람들은 먹고, 씻고, 운동을 한다. 마음의 건강, 곧 바른 마음을 위해서는 무엇을 하는가? 영혼을 위해서는 무엇을 하는가?

마음 공부는 우리가 크든 작든 일을 위한 기초를 닦고, 근본을 다스리는 것이기 때문에 일 말고 공부를 해도 되나 하고 물을 수 있는 문제가 아니다. 마음 없이 일할 수 있는가? 밝은 마음, 지혜 없이 일할 수 있는가? 높은 누각이 시원하고 좋다고 1층을 제대로 짓지 않고 2, 3층부터 올릴 수 있는가? 마음이 안정돼야 지혜가 나고 경거망동하는 일이 적어지며, 쉽게 일희일비(一喜一悲)하지 않게 된다. 거기서 바른 판단과 힘, 용기와 의욕이 나는 것이다.

먹고 씻는 것이 비교하고 선택해야 할 문제가 아니듯이 마음공부는 종교나 직업, 연령, 성별, 하는 일에 상관없이 하지 않으면 안 되는 기본이고 필수사항이고 당연한 일상사이다. 따라서 일과 대립되거나 일을 방해하는 것이 아닌데, 습관이 안 돼 있어서 시작할 때에는 다소 힘들고 또 일에 방해가 되는 것처럼 느껴질 뿐이다.

국가도 민족도 세상도 다 내 안에 있다

'큰일' 한다는 사람들이 흔히 내 세우는 것이 '국가'나 '민족', '세상' 혹은 '세계평화' 같은 것이다. 그런데 '국가'나 '민족', '세상'의 근본은 무엇이고 그것은 정말 우리가 추구해야 할 궁극의 가치인가? 또 그것을 위하는 참된 길은 무엇인가?

어떤 방문객이 마하르쉬˙님께 물었다.
"선생님, 어떻게 해야 제가 세상을 도울 수 있을까요?"
"그대 자신을 돕게. 그러면 세상을 돕는 것이네."

"저는 세상을 (직접) 돕고 싶습니다. 제가 도움이 되지 않겠습니까?"

"되지. 그대 자신을 도우면 그게 세상을 돕는 것이지. 그대는 세상 안에 있고 그대가 세상이라네. 그대는 세상과 다르지 않고 세상은 그대와 다르지 않네."

어떤 방문객이 마하르쉬님께 또 물었다.

"우리는 중대한 시대에 살고 있는데, 세계의 미래에 대하여 말씀해주시겠습니까?"

"왜 그대는 미래를 걱정하는가? 현재도 제대로 알지 못하는데… 현재를 돌보게. 그러면 미래는 스스로 알아서 한다네."

"세계는 안정과 평화 · 협력의 시대로 들어가겠습니까, 아니면 혼란과 전쟁 속으로 빠져들겠습니까?"

"세계를 지배하는 분이 계시는데, '세계를 돌보는 것은 그분의 일'이라네. 세계에 생명을 준 분이 그것을 돌보는 법도 알고 있는 게지. 이 세상의 짐을 지고 가는 것은 그분이지 그대가 아니네."

"그러나 우리가 편견 없는 눈으로 주위를 돌아보면, 어디서 그러한 자비로운 배려가 오는지 알기 어렵습니다."

"그대가 있기 때문에 세계가 있는 것이니. 그대 자신을 이해하지 못하면서 세계를 이해하려고 하는 것이 무슨 소용 있는가? 그것은 진리를 추구하는 자가 고려할 필요 없는 질문이네. 사람들은 그런 온갖 질문들에 에

너지를 낭비하지. 먼저 그대 자신의 이면에 있는 진리를 발견하게. 그러면 그대는, 그대 자신도 그 일부인 세계의 이면에 있는 진리를 보다 잘 이해할 수 있는 위치에 설 것이네."

진정한 자기를 찾아 영원한 실재에 안주하는 것이 진정 큰일이고 필요한 일이다. 국가도, 민족도, 세상도 모두 거기에 있다. 그러므로 마음을 비우고 닦아서 참 '나'를 찾는 길은 다른 무엇과 비교하거나 선후를 가릴 수 없는 일이다. 실제 아닌 꿈속에서 아무리 큰일을 성취한들 무슨 소용이 있겠는가.

또 사회적인 봉사나 헌신, 눈에 보이는 거창한 업적만이 세상을 밝히는 일이 아니다. 산 위의 불빛이 나서서 세상을 밝히려 하지 않아도 홀로 밝게 타고만 있으면 세상을 밝게 하듯이, 어떤 사람이 스스로 밝다면 그 영향력은 주변은 물론 온 세상에 미친다.

경 말씀에 "그대 마음만 밝고 고요하면 모든 사람들의 마음이 밝고 고요하며 우주 삼천대천세계가 다 밝고 고요하다〔一心淸淨 多心淸淨 三千大天世界淸淨〕"고 하였다. 바치는 것이야말로 마음을 밝히는 최고의 방법이고 소위 '큰일'의 기초를 쌓는 작업이다. 아니, 큰일 그 자체다.

큰일 작은 일이 따로 있지 않다. 또 하겠다고 마음을 낸다고 할 수 있는 것도 아니고, 제 마음대로 골라서 할 수 있는 것도 아니다. 지은 바 업, 인연 따라 일 만나게 되는 것이니 만나는 일을 피하거나 인연 없는 일을 쫓아갈 이유가 없다.

"일을 하려고 노력하지도, 그만두려고 노력하지도 마라. 그대의 노력이 속박이다. 일어나게 되어있는 일은 일어난다. 만약 그대가 일을 하지 않도록 정해져 있다면, 찾아서 하려고 해도 할 수 없다. 만약 그대가 일을 하도록 정해져 있다면, 그것을 피할 수 없을 것이며 그 일에 종사하지 않을 수 없게 될 것이다."•

그야말로 그대가 해야 할 일이면 이미 하고 있을 것이고, 장차 해야 할 일이면 기필코 할 것이니 '해야지, 해야지' 조바심 낼 것이 없다. 직접 행동하는 것보다는 일체가 하나임을 깨닫는 것이 세상에 가장 크게 기여하는 길이다.

3
이 공부 안 해도
잘들 사는데

    물론 잘들 산다. 이미 저축해놓은 것이 있다면 그걸 쓰는 동안은 일 없이 잘 살아간다. 또 한편으로는 잘 사는 것처럼 보인다. 그러나 그건 눈감고 먼 길 나서는 것과 같다. 돌이며, 웅덩이며, 전봇대며, 자동차며 위험한 장애물을 만날 때까지는 전혀 일 없이 잘 간다. 장애물이 있다 해도 요행히 피해갈 수도 있다. 그러나 만나지 않고 피해간다 해도 얼마나 갑갑하고 험난한 길이며 또 그 요행이 언제까지 가겠는가? 근본을 해결하지 않았는데 한없이 통하겠는가?

    공부가 무엇인가? 세상을 바로 보고 행복하게 살자는 것이다. 매일 세수 안 하고 몸도 씻지 않고 살 수 있는가? 숨

안 쉬고 밥 안 먹고 살 수 있는가? 공부는 마음을 위해 씻고 먹고 숨 쉬는 일이다. 몸을 위해서는 매일 세끼 꼬박 밥 먹고 씻고 끊임없이 숨 쉬듯이 마음도 몸처럼 씻고 먹이고 새 공기를 넣어줘야 한다. 마음은 운전사, 몸은 자동차와 같다. 자동차 관리는 열심히 하면서 운전사를 소홀히 대하면 제대로 운전할 수 있겠는가? 운전기술이 서툴고 길을 모르면 잘 갈 수 있겠는가?

그래도 수행정진은 너무 힘들고 귀찮다?

뭐든지 해보지 않은 일은 다 힘들고 귀찮게 마련이다. 심지어 재미있다는 놀이나 스포츠도 처음엔 힘들게 배워야 한다. 수행정진하는 것도 처음엔 힘들겠지만 과정을 거치고 나면 나중에는 저절로 된다.

세수하고 몸 씻는 것이 그렇게 힘든 일인가? 밥 찾아먹고 숨 쉬는 것이 귀찮고 어려운가? 그러나 세수도 몇 달 안 하다 하면 아프고 피나고 힘들다. 하도 오래 안 씻고 놔둬서 때가 많이 끼면 그것을 벗겨내는데 처음엔 피도 나고 아프기도 할 것이다. 때가 덕지덕지 밀려나오는 것도 보기 싫을 것이다. 티벳이나 네팔의 고산지대 사람들에게 매일 세수하라고 하면 큰일일 것이다. 생기면 먹고 안 생기면 마는 원시

인에게 매일 고정적으로 세끼 먹으라고 하면 고민할지도 모른다. 오락이나 재미있는 놀이도 처음 배울 때는 하기 힘들고 귀찮은 일에 불과하다. 어느 정도 익숙해져야 재미도 나고 빠져든다. 마찬가지로 공부도 길들기까지는 힘들고 귀찮지만 습관이 되면 저절로 된다. 어느 뇌성마비 장애자는 20년 이상 매일 일천배 오체투지* 하는 것으로 공부를 삼아 장애를 극복하고 깨달음을 얻었다고 한다. 반복된 연습은 그런 고행도 습관화 시켜서 저절로 되게 한다. 매일 배고프면 밥을 먹어 해결하듯이 마음 불편하고 답답하면 당연히 공부로 마음의 고픔, 답답을 풀게 된다. 특별히 마음 다지지 않아도 자연스러운 일상의 일이 되는 것이다.

마음 닦는 것이라면 다른 방법도 있지 않나?

다른 방법들은 완전하지 않고, 근본적인 해결책이 못된다. 산다는 것은 욕구를 채워가는 여행이다. 그런데 이것은 중단할 수 없고 종점 없는 여행이다. 원(○) 안은 성취된 욕

• 오체투지(五體投地): 신체의 다섯 부분 곧 양 무릎과 팔꿈치, 이마 등이 땅에 닿게 하는 절. 신체의 가장 높고 귀한 머리를 땅에 댐으로써 자기를 낮추고 상대에게 무한한 공경을 표시하는 예법이며 수양의 방법이기도 하다.

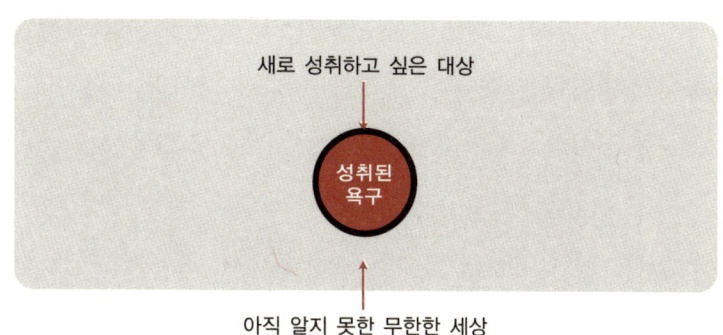

구다. 원의 테두리는 새로 성취하고 싶은 대상이다. 테두리 밖은 그런 세상이 있는 줄도 몰라서 성취하고 싶은 마음도 못 내보는 무한한 세상이다.

기를 쓰고 노력하여, 가까스로 원하는 것을 성취하면, 성취한 부분(원)이 커지면서 동시에 더 큰 테두리가 생긴다. 곧 '이젠 만족이다. 이젠 좀 살게 됐다' 싶으면 어느새 전보다 더 크고 많은 성취하고 싶은 대상에 부딪친다. 지금까지 알지도 보지도 못했던 것이 보인다. 그러니까 없었던 욕구가 새로 생기는 것이다. 그러므로 성취하고 가진 것(원)이 커지면 커질수록 새로 갖고 성취하고 싶은 것(테두리)도 그만큼 더 크고 많아진다.

이 여행은 한없이 계속되고 끝없이 반복된다. 그래서 부처님은 반대로 원을(욕구를) 아예 없애야 한다고 하셨다. 욕구를 모두 없애는 방법만이 한도 끝도 없이 곤곤한 인생놀음에서 벗어나는 길이다. 그래서 '마음을 닦아라, 베풀어라, 욕심을 줄여라' 하신 것이다.

물론 마음을 닦고 정신을 건강하게 하는 데는 다른 방법도 있다. 어떤 이는 도덕적인 삶을 통해서, 또 어떤 이는 일이나 무예 또는 예술활동이나 독서를 통해 마음을 닦는다고 한다. 그 외에도 여러 종교나 수행법이 있긴 하지만 모두 불완전하고 불충분하다. 왜냐하면 덜고 줄이고 씻어내야 하는데 오히려 더 보태는 일들이기 때문이다. 만족과 동시에 더 큰 욕구가 생긴다. 욕구를 없애지 않는 어떤 방법도 완전하지 못하다.

마음은 근본에 밝고 완전하기 때문에 그걸 깨닫고, 믿고, 바로 쓰면 되는데, 대개의 방법은 제 마음을 믿지 못하고 자신을 불완전하다고 생각하여 더 보태고 보완하려고만 하기 때문에 당장은 효과가 있어 보이지만 사실은 거꾸로 하고 있는 셈이다.

우리는 어차피 힘들게 살 수밖에 없는 존재로 태어났다. 중단할 수 없는 인생여정에서 기왕 힘들 바에는 끝이 좋은 쪽을 선택하는 것이 현명하지 않겠는가?

4
졸리면 자고
배고프면 먹는것이 공부라는데

옛 도인들은 '부처님 법은 애써 공부할 것이 없고 그저 평상대로 아무 일 없이 사는 것이다. 똥 싸고 오줌 누며 추우면 옷 입고 배고프면 밥 먹고 졸리면 자는 것이다'고 했다.

여름 수련[夏安居]이 끝난 후, 앙산 스님이 스승 위산*을 방문했다. 위산이 물었다.

"한 여름 내내 보지 못했구나. 그 동안 무슨 일을 하고 있었느냐?"

"땅을 좀 갈아서 수수 씨앗을 뿌렸습니다."

"여름을 헛되이 보내진 않았구나, 그래."

이번에는 앙산이 묻자 위산이 대답했다.

"하루 한끼씩 먹고 밤에는 잠 잘 잤어."

위산의 말을 들은 앙산은 스승의 말에 즉각 토를 달았다.

"스님께서도 여름을 헛되이 보내지 않으셨군요."(선문염송)

어떤 학인이 대주(大珠) 스님께 물었다.

"스님도 도 닦느라 힘을 들이십니까?"

"그럼!"

"어떻게 하시는데요?"

"배고프면 먹고, 피곤하면 잔다네."

"그거야 아무나 하는 일이 아닙니까? 그렇다면 모두가 스님처럼 도를 닦고 있다고 할 수 있겠군요?"

"아니야, 그건 그렇지 않네."

"왜 그렇습니까?"

"그들은 밥 먹을 때 밥만 먹지 않고 수많은 어지러운 생각을 하며 잘 때도 쉬 잠들지는 못하고 이런 저런 꿈에 시달리지. 그래서 나와는 좀 다르다고 했네."(돈오요문)

배고프면 먹고 졸리면 자는 일이라고 해서 아무나 하는 일이 아니다. 대주 스님의 말대로 사람들은 밥 먹고 자는 데도 여여히 자재롭게 하지 못하고 계산과 분별이 수없이 개

입한다. 체면이나 이해득실 때문에 '내가 이러이러한 사람인데, 이러이러해야 하는데……' 하며 따지고, 또 '이건 몸에 좋다는데…… 저건 나쁘다는데……' 등등 따진다. 또 오랜 습관에 젖어 배고프지 않은데도 '때가 됐으니……' 하고 먹거나, '다들 먹으니까……' 하고 먹는다. 또 배가 찼는데도 맛에 빠져 과식을 한다. 그러므로 배고프면 먹고 졸리면 편히 자는 일이 무심을 얻은 도인들의 무심을 따른 삶이요 공부인 것이다.

마음 둘 자리는 어디인가

그럼 무심이란 무엇인가? 목석(木石)이나 송장처럼 아무 생각도 없어서 무심이 아니고, 두 마음이 아니라는 말이다. 부처님은 무심이란 처음 마음에 바탕하여 연달아 나오는 마음, 제2의 마음이 없는 것이라 하셨다. 이는 또 머무름 없는 마음을 내는 것[應無所住而生其心], 곧 아상(여러가지 지식, 습관, 선입견) 없이 마음 내는 것이다.

한 스님이 대주(大珠) 스님께 물었다.
"도인이 마음 두는 곳은 어디입니까?"
"마음 두지 않는 곳에 둔다."

"'두지 않는 곳'이란 어떤 뜻입니까?"

"마음을 특정한 대상에 두지 않는 것, 이것을 마음을 두지 않는 곳에 둔다고 한다."

"'특정한 대상에 두지 않는다는 것'은 또 무슨 뜻입니까?"

"선과 악, 유와 무, 주체와 대상(나와 세상)을 둘로 나누어 어느 한쪽에 두지 않는 것을 의미한다. 공에도 두지 않고 공 아님에도 두지 않으며, 열반에도 두지 않고 무명에도 두지 않는 것을 이르는 말이다. 어디에도 두지 않는 마음, 여기가 마음 둘 자리이다."(돈오요문)

자식이 불타는 집 속에 갇혀서 못 빠져 나오고 있으면 '내가 구할 수 있을까, 없을까' 생각할 여지가 없이 우선 뛰어 들어가게 된다. 물에 빠져 허우적거리는 사람을 보면 우선 그냥 손 내밀어 구하고 보는 거지 '저거 구해주면 무슨 보답이 있을까 없을까' 계산할 틈이 없다. 불쌍한 거지를 보면 그냥 몇 푼 쥐어 주고 싶은 것이지 특별한 계산이 있어서 행동하는가? 목마르면 그냥 물 마시는 거지 마실까 말까 다른 생각을 하는가?

이렇게 무심 도인은 매사에, 대상에 응하여 그냥 마음 내고 행할 뿐 '이래야 되나? 저래야 되나?' 어떤 잔 계산을 가지고 헤아리지 않는다고 하셨다. 일체가 부처님 당신에게서 나온 것으로, 본래 둘이 아니고, 본래 성불이며, 본래 완성이며, 당신이 다 알고 살펴서 하는 일인 줄 믿고 알기 때문이고, '나'가 끼지 않기 때문이다.

그냥 먹고 자고 이럴까 저럴까 복잡한 계산 없이 다 믿고 그냥 응하여 마음 내고 그냥 행한다. 얼마나 좋은가?

"특별한 마음 찾고 만들어 가지려고 하지마라.
평상시 마음 그대로가 도(道)다."

그렇다. 먹고 자고 그냥 그냥 사는 게 공부요, 일부러 애쓰지 말고 쉽게 살라는 것이 공부인데, 그것이 또 쉽지만은 않다. 애쓰지 않고 그냥 살아보지 않았던 사람들은 그냥 사는 데도 연습이 필요하다. 거지로 유랑하여 살던 놈을 하루아침에 곤룡포를 입혀 용상에 앉혀놓는다고 해서 이내 '여봐라!' 하고 임금이 되는 게 아니듯이.

놓으란다고 바보처럼 살라는 것도 아니고 생각 그 자체를 부정하는 것도 아니다. '나', '내 것이다' 하는 아상과 집착을 놓으라는 것이다. 계산하지도 헤아리지도 말고 그냥 다 놓고 쉬어라. 그래서 '내가 한다' 대신에 '부처님, 당신만이 할 수 있습니다' 하고 바치고 구경하라는 것이다.

5
전생의 업보 따라 사는 것이라면 공부(修行)가 무슨 소용인가

    지금의 이 '나'가 전생에 지은 업의 결과라면, 즉 인생의 출발점이 사람마다 모두 다르게 정해져 나온 것이라면 교육이나 수행이 무슨 소용이며 발전하려는 노력이 무슨 필요가 있는가?

    사실 모든 중생은 업 지은 대로 몸 받아 난다. 자전거와 자동차의 차이만큼이나 태생적으로 자질이 다를 수 있다. 자전거는 아무리 해도 자전거요, 자동차는 자동차다. 그래서 말하자면 편리함와 속도가 다르게 태어난다. 타고난 성능을 극복할 수는 없다. 자전거로 자동차를 만들 수도 자동

차처럼 빠르고 편리할 수도 없다. 그러나,

 딱지치기나 땅따먹기 놀이를 하는 아이들을 보면 그것 때문에 때로 아주 심하게 싸우기까지 하는데, 어른들의 눈으로 보면 그까짓 것들 많이 따고 못 따고가 무슨 소용이 있는가? 세상에 유능하고 부유하다는 것도 애들이 놀이 잘하는 것과 같고, 딱지를 많이 가지고 있는 거와 같다. 근본을 따져보면 모두 허망한 일들 아닌가? 꿈속의 부자고 꿈속의 임금 아닌가? 꿈 깨면 거지나 임금이나 다를 것이 없다.

 마약하는 사람에게는 마약에 얽힌 지식이나 일이 많다. 마약의 종류와 섭취하는 방법(복용, 흡연, 주사), 또 증상을 해독하거나 벗어나는 법, 마약에 관한 제재 법률과 거기에서 피하는 방법, 마약 싸게 사는 노하우와 치료법, 금단증상 등 매우 심각한 문제들이 헤아릴 수 없이 많다. 마약 중독자가 보통 사람을 보면 '마약을 안 하고 무슨 재미로 세상 사느냐?'고 하지만 보통사람에겐 마약이 주는 쾌락이나 효과, 거기에 관한 지식이며 거기에 얽힌 일들이 다 무슨 소용이란 말인가? 누가 잘하든 못하든, 끊었든 말았든, 마약이 구하기 쉽든 어렵든, 싸든 비싸든, 효과가 좋든 나쁘든, 간편

한 흡입기구나 방법을 알든 모르든 그 어떤 것도 도대체 상관할 일이 없다. 마약이라는 이름 자체가 그의 삶에는 존재하지 않는다.

보석도 어떤 사람에겐 죽고 못살 만큼 좋은 것이지만, 저 깊은 산골이나 외딴섬의 아낙네에게 비싸고 화려한 보석이 도대체 무슨 의미가 있겠는가? 그저 곡식이나 옷 같은 생필품을 많이 바꿀 수 있다는 정도의 의미 밖에는.

세상일이란 이 몸뚱이 받아와서 공부(부처님 시봉)하고 그걸 유지하는 데 필요한 만큼의 가치만 지니는 것이다. 제법무아(諸法無我), 일체개공(一切皆空), 일체가 없고 근본이 비었는데 그걸 잘하고 못하고가 새삼 무슨 소용인가? 유능하고 무능하고를 가릴 일 자체가 없으니 잘하고 못할 이유도 없다.

일체는 유심조다〔一切唯心造〕. 모든 문제는 제 마음이 만든 것, 실체가 없다. 공부는 모든 문제가 마음이 만들어 낸 허망한 것임을 알고 바쳐서 문제 자체를 해소시키는 것이다. 속도와 편리함을 중요하게 생각하는 사람에게 자전거는 자동차를 따라갈 수 없다. 그러나 공해 없고 운동도 되는 기능으로 말하면 자전거라야 한다. 또 그도 저도 바쁘게 살아야 하는 사람들 이야기지, 산속에 들어 앉아 안빈낙도(安貧樂道)하고 조용히 살아가는 사람에게는 자동차든 자전거든 **빠르**든 느리든 편리하든 아니든 아무 소용도 의미도 **없다**. 꿈 깨고 나면 유능과 무능이 잘나고 못난 것이 더 이상 문제가 아니고 더 이상 의미가 없다는 것을 깨우치는 것이 공부다.

그러므로 '전생의 업보다'고 하신 것은 문제의 원인을 명확히 하여 확실하게 해결하자는 뜻이다. 해결책을 가르쳐주기 위해서 원인 규명을 하신 것이지 잘잘못을 따지고 책임을 추궁해서 차별하고 벌주자는 말씀이 아니다. 매사에 업보가 따른다는 것을 분명히 알고 더욱 공부에 정진해서 업의 순환, 윤회의 굴레에서 벗어나야 한다는 말씀이다.

6
'모든 것이 네 업이다' 하신 것은
네 업이니 당해보라는 말씀인가

"모든 고를 받는 것은 다 자기 탓이다, '나'는 쉴새없이 고통과 즐거움을 만드는 생산공장이다, 자기 스스로 원인 짓지 않은 일은 없다, 모든 게 네 업이다" 하신 것은 모든 걸 네가 그렇게 만들었으니 '너도 당해봐라' 하고 나무라고 책임을 추궁하자는 말씀이 아니다. 자기가 그렇게 만들었다면 그걸 고치고 해결할 수 있는 것도 자기라는 말이다. 곧 '우리 자신에게 자기 문제를 가장 잘 해결할 능력이 있다'는 말씀이라고 하셨다. 만든 자가 가장 잘 고칠 수 있다. 모든 중생에게는 부처님과 같은 능력이 있다〔一切衆生悉有佛性〕.

그런데 사람들은 원인도 해결도 나 밖에서 찾고 다른 데 의지하려고 한다. '제 집안에 수도꼭지 놓아두고 밖으로 멀리 우물 찾아 물 길러 다니는 꼴'이다. 사람들은 그저 입으로만 '부처님, 부처님' 하고 부르지 진짜로 자기 안의 부처나 그 능력[佛性]을 믿지 않는다.

'오직 네 자신에 의지하라'고 하셨으니 '자신'의 숨은 능력을 믿고 모든 것을 거기에 일임하라. 죽는 것까지도 맡길 수 있는 큰 믿음을 가져야 한다. 제 생각에 잘 못된 일, 궂은 일 조차도 결국은 '나' 위한 일이라는 믿음을 가져야 한다. 믿음이 커야 큰 임무(시련)을 주어 진짜 훈련을 시킬 수 있는데, 언제나 '나 좋게 해주'만 하고 있으면 큰 공부 못한다고 하셨다. 그래서 백 선생님께서는 다 드리고 바치기만 하라고 하셨다.

부처님께서는 '삶이 고'라고 말씀하셨다. 그러나 그건 그 괴로움으로부터 벗어날 길을 제시해 주시기 위해서 하신 말씀이다. 부처님께서는 일체가 '공이다, 허망하다'고 하셨다. 그러나 그건 그 허망하고 공한 것을 넘어서는 법을 가르쳐 주시기 위해서 또 그 너머에 있는 참되고 영원한 것을 보여 주시기 위해서 하신 말씀이다. 부처님께서 '네 업이다' 하신 것은 네가 만든 것이므로 네가 네 문제를 가장 잘 해결할 능력을 가진 장본인이라는 것을 일러주시기 위해서다.

7

공부하면 당장 업이 소멸되고
팔자나 운명이 바뀌는가

공부한다고 지은 업이 소멸되거나 현실의 삶이 당장 그렇게 바뀌는 것은 아니다. 그러나 왕자든 거지든, 가난뱅이든 부자든 그게 연극이고 임시 맡은 배역이라면 모두 재미있고 신나지 않겠는가? 본래 바탕은 다 부처고 불생불멸이라 하였다. 비슷한 처지였는데 연극에서는 역할이 달라지듯이, 어떤 역경과 고난을 겪거나 아슬아슬한 지경에 처하더라도 주인공은 죽지 않고 결국 해피엔딩(Happy ending) 되듯이, 수행자의 삶도 마찬가지다.

그러므로 불자에게는 고생도 공부거리다. 건강한 사람이 되기 위한 수술이나 치료과정이다. 따로 어떤 것을 가려서

원할 일도, 기다릴 일도, 팔자 바뀌기를 바랄 일도 없다. 부딪치는 순 역경 모두가 다 필요해서 온 것이니 그대로 수용하고 감내할 일이다.

모든 병고액난(病苦厄難)과 어려운 환경은 다 나를 지혜롭게 하고 성숙시키기 위한 것이다. 나를 발전시키기 위한 공부이며 나에게 꼭 맞는 최상의 공부 재료들이다. 그야말로 '위장된 축복'인 것이다. 그렇게 알고 믿고 모두 당신께 바치고 맡기면 된다. 믿으면 이 산을 저리로 옮기라 하여도 옮긴다고 했다. 어떤 고난과 역경이 닥쳐도 오직 믿고 바칠 일이지 궁리하고 말하고 어떻게 행동할 일이 없다.

지혜로워야 한다. 녹음테이프에 뭐가 녹음되어 있든 상관없이 새로 녹음하면 그것이 녹음되면서 과거는 지워지고 새 것만 남는데, 이미 녹음된 것이 마음에 안 든다고 시비하고 마음 쓰느라 힘과 시간을 허비할 일 있겠는가? 믿고 바치면 일체가 성취, 즉각 성취다. 나에게 필요한 것인줄 알고 믿고 바치면 이미 성취다. 업이 소멸되기를 바랄 것도 좋은 팔자를 기대할 것도 없다.

공부하는 사람에게는 팔자나 운명이 바뀔 것도 말 것도 없다. 아예 팔자나 운명이 없다. 오직 부처님 시봉하는 팔자, 부처님 아들〔佛子〕로 바뀌고 마는 것이니까…….

8

죽음은
가장 무거운 처벌이고
완전한 종말인가

모든 중생들은 열반을 향해 길고 긴 여행을 한다. 누구나 가장 틀림없고 가까우리라고 생각하는 길로 가지만 가는 도중에 여러 가지 장애물과 난관에 부딪친다. 가다가 신발이 다 닳으면 새 신으로 갈아 신고, 옷(몸)이 낡아 더 못 입게 되면 바꿔입어야 한다. 가다가 너무 많은 죄를 지어서 이제 더 지으면 안되겠다 싶을 때, 부처님께서는 강제로라도 갈아 입혀 중지시키기도 하신다. 몸을 바꿔야 그만 두지 그 몸 가지고는 그 버릇이 어떻게 달라질 수 없지 않은가?

살다가 몸이 늙어 바스라질 정도가 되었는데도 바꿀 수가 없다면? 사고로 다치거나 전쟁 중에 총을 맞거나 갖가지 이유로 옷(몸)이 갈기갈기 찢겨서 더 못 입게 됐는데도 새 옷으로 바꿔 입을 수 없다면, 다시 말해서 죽을 수 없다면, 그거야말로 얼마나 큰일인가? 기가 콱콱 막히는 일을 당해서도 죽을 수 없다면, 그래서 계속 그 곤욕을 고스란히 당하고 치러야 한다면 그 얼마나 큰 문제인가?

무간지옥(無間地獄) 또는 아비지옥(阿鼻地獄)이라고 하는 지옥은 지옥 중에서도 극악죄인들이 간다는 가장 고통이 심한 지옥이다. 끊임없이〔無間〕계속되는 극열한 괴로움, 뜨겁고 숨 쉴 틈이 없어 기가 탁탁 막히는 고통이야 말할 것도 없지만, 그보다 정말 지독한 고통이고 형벌인 것은 죽으려야 스스로 죽을 수가 없어서 절절히 그 고통을 받아야 하는 것이라고 한다.

'차라리 죽는 것만 못하다'는 말이 있다. 그래서 어떤 사람은 삶이 하도 고통스러워 죽는 것만 못하다고 생각될 때는 스스로 죽음을 선택한다. 죽음도 아주 고통스러운 삶보다는 더 나은 선택인 것이다. 무간 지옥의 중생에게는 최고의 축복일 것이다.

그래서 근래에는 '장수(長壽)의 위험'이란 말이 나오고, 그 위험에 대비하라는 이야기도 심심찮게 들린다. 다 헤진 몸을 가지고 죽지 않고 오래 산다는 것은 그야말로 고통이요, 위험이요, 가장 피하고 싶은 삶일 것이다. 무조건 안 죽고 오래 사는 것보다 제 때에 잘 죽는 것이 참으로 큰 복이 아닐 수 없다. 그야말로 홍복이고 축복이다.

그러니 죽음은 달리 보면 모두 당신의 은총이고 축복이다. 자비로운 아버지의 매가 다 사랑의 결과이듯이 잘못에 대해서 처벌과 죽음에 의한 제재가 없다면 영영 파멸로 떨어져버리고 말 것이다. 죽음은 부처님께서 최후의 해결책으로 쓰는 가장 훌륭한 사랑의 펼침이고 방법이다. 절망이나 종말이 아니라 최대의 축복이다. 그러므로 은총과 처벌은 몰라서 구별하는 것이지 당신으로서는 모두 자비의 표현이다.

죽어야 산다. 몸뚱이도 마음도. 완전한 새 것으로 바꾸기 위해서는 죽어서 다시 나야한다. 자전거가 용광로에 들어가지 않고는 자동차가 될 수 없다. 죽음은 정신적, 육체적으로 도약하고 새 삶을 얻기 위한 필수 과정이고 절차다.

그러나 아무리 그렇다 해도 이 옷을 너무 오래 입고 살아서 너무 정이 들어서 그거 없으면 끝장나는 줄 알아 노심초사 불안해하고 애탄하며 개탄한다.

아무리 죽음이 이렇게 새옷으로 갈아입는 일이라고 해도

쉽게 마음이 놓이지 않는다. 그러니 진실을 바로 보고, 불생불멸의 도리를 바로 알고, 안정을 얻을 수 있도록 자꾸 공부해야 한다. '나[我相]'가 죽도록 바쳐야 한다. '나'가 죽어야 영원히 산다고 하셨다.

"자기 자신을 육체와 마음이라고 믿음으로써 참 자기를 한정해 버리는 사람은 자기 자신의 진아를 죽인 것이다. 진아를 죽인 것에 대해서 그는 벌을 받아야 한다. 그 벌이 '나'고 죽음(生死)이며 지속적인 불행이다."
(마하르쉬)

9

왜 하필
나에게 이런 일이
― 주인공은 결국 산다

세상에 우연히 생기는 것은 없다. 모든 일은 다 그럴 원인을 지어서 그 결과로 오는 것이다. 어떤 어려운 시련이나 고난도 그것은 당신 뜻 안에서 된 일이고, 당신의 한량없는 자비의 발로(發露)이며 나에게 필요해서 마련하신 일이다. 수술이 귀찮고 힘든 일이긴 하지만 받고 나면 건강해질 테니까 기꺼이 받을 수 있는 것처럼 '하필 이런 일'이 모두가 다 기회라는 것을 알아서 힘은 들지만 웃으며 맞이할 수 있어야 한다.

아무리 흉악한 무리가 해치겠다고 덤벼도 그들이 모두 당신의 사자요, 보살들로서 나를 돕자는 것이니 진심이나 원망심 대신에 오직 바쳐야 한다고 하셨다. '나는 세상의 주인공, 주인공은 결국 살아남는데, 어떻게 극적으로 살리시겠다는 것인가? 어떻게 마지막에 행복을 주시겠다는 건가?' 하고 당신의 깊은 뜻과 오묘한 섭리를 구경하는 마음이 필요하다. 그래도 부처님 법을 만나서 억울해하지 않을 수 있으면 이 얼마나 잘된 일인가?

"아무리 많은 귀신이 떼로 덤벼든다 해도 그것 또한 '나'이므로 두려울 것이 없다. 선이든 악이든 귀신이든 마구니든 부처든 보살이든 당신에게서 이 마음에서 오는 것이기 때문에 두려울 것 없다.

그러므로 어떤 경우라도 피하려 할 게 아니라 철저하게 모두 준다고 생각하라. 다 주겠다는 데 싫다고 할 사람이 없으니 갖는 도리 버리고 철저히 주는 도리 배워라. 내가 놓아야 다 얻을 수 있고 항복받을 수 있다. 그래야 내 중생, 내 가족, 내 이웃을 건질 수 있다.

세상에 '나' 아닌 것 없고 내 도량(道場) 아닌 곳 없으니 '하필 내게만 뭐가 찾아온다' 고 생각하지 말고 오면 오는 대로 다 놓고 다 주라. 다 버리면 그대로 다 있다."(대행스님)

내가 우주의 주인인데 주인인 내가 마(魔)나, 운명이나 팔자를 탓하고 그런 데에 흔들려서야 되겠는가? 능히 온갖 사물 만법을 내고 그 '나'로 인해 온 세상 모든 것이 있는 것인데. 우주가 모두 내 마음의 뿌리와 함께 하는 것인데, 말하자면 세상의 황제요, 왕인데 쩨쩨하게 '너희들, 정말 왜 그래?' 하고 불평하고 짜증낼 게 있는가? 하고 싶은 대로 하면 되고 마음 내키는 대로 명령하고 시키면 그뿐인 것이다.

어찌해도 당신 자비의 발로요, 우리 모두를 극락으로 인도하시려는 당신 뜻인줄 굳게 믿으라. 어떤 우여곡절을 거치더라도 주인공은 결국 산다.

10
믿고 공부하면
다 잘 되는가

 날마다 궂은 일은 말고 좋은 일만 생기라고 하는 것이 사람들의 바램이고 소원이다. 특히 신앙을 가진 사람들 가운데 잘 믿으면 그런 바램을 성취할 수 있을 것이다, 안 될 일도 잘 되고, 궂은 일도 생기지 않을 것이라고 생각하여 신앙생활에 열심인 사람들도 많다. 그래서 자기 마음에 맞는 일이면 '믿었더니 이런 좋은 일이 생겼다'고 고마워하고 감사하지만, 마음에 안 들거나, 궂은 일이 생기면 믿어도 소용없다며 낙담하고 원망하다가 급기야 신앙을 버리기까지 한다.
 그러나 중요한 것은 소위 '이렇게 또는 저렇게 됐으면……' 하고 바라는 그 일이 정말 바람직한 것인지 꼭 그렇게 돼야 좋은지 하는 것이다. 모든 것이 금이 되게 해달라는 그 임금의 어리석은 소원 같은 것은 아닌지 하는 것이다. 그러므로 사실은 소원대로 된 것보다 지금 안 됐다고 생각하는 그것이 오히려 더 잘된 일인지 모른다.

생각처럼, 소원처럼 안 된다고 해서 공부 그만두고 신앙을 버리고 돌아서서 안 할 수 있는 것이 아니다. 열반(행복)을 향해 가지 않을 수 있는가? 마음 쓰지 않고 살 수 있는가? 제 마음, 제 뿌리, 제 부모 말고 믿을 데가 있는가? 이 공부는 소원대로 금방 다 그렇게 된다고 해서 만이 아니라 달리 방법이 없어서, 최선의 방법이기 때문에 하는 것이다.

그런데 어떤 사람의 행·불행이나 길·흉·화·복의 삶은 그 사람이 어떤 업을 지어 왔고 어떤 행동을 하며 살아왔느냐에 달린 것이지 착실한 수행이나 돈독한 믿음, 간절한 기도로 금방 달라지는 것만은 아니다. 예수는 죽음을 면하게 해달라고 간절히 기도했지만 결국 십자가에 못 박혀 죽었고, 부처님의 제자 목건련은 이교도들한테 몽둥이를 맞아 죽었고, 부처님 또한 자기 가족과 친족이 몰살당하고 고국이 멸망하는 참혹한 광경을 목도하실 수밖에 없었으며, 사촌으로부터는 모함을 받고 배반당하고, 사랑하는 제자들을 자기보다 먼저 보내야 하는 등 인간으로서는 참으로 견

디기 어려운 일들을 누구보다 많이 당하셨다.

그러므로 지은 대로 받는다는 인과의 법은 아무도 피해갈 수 없다. 업을 짓고도 과보를 받지 않고 비켜가는 것은 있을 수 없는 일이다. 그러나 또 지은 대로 모두 다 받고만 살아야 한다면 굳이 불법이 필요 없을 것이다. 해탈이니 열반이니 하는 말도 없었을 것이다.

그러면 공부는 무엇을 하자는 것인가? 큰 교통사고 당했는데 부처님 덕분에 손만 부러지고 살았다? 아예 교통사고 당하지 않고 멀쩡히 잘 사는 사람들도 많은데…… 부처님 덕분에 경기에 이겼다? 부처님이 상대를 내치고 나만 이기게 했다면 부처님은 편먹기 좋아하는 분, 편애하는 분인가?

공부하고 신앙을 갖는다는 것은 궂은 일을 면하고 좋은 일만 생기게 하기 위해서라기보다 일이 궂고 좋고, 되고 안 되고에 구애받지 않을 수 있도록 하기 위한 것이다. 모든 경기에서 승리만 하기 위해서라기보다는 승패에 울고 웃지 않을 수 있기 위해서다. 말하자면 꿈 속의 일처럼, 연극 속의 사건처럼 멀찌감치 떨어져 객관적으로 볼 수 있는 관객, 구경꾼이 되기 위해서다.

11
죽을 일과
살 일

'병 없어라?' 하는 것은 죽겠다는 것

몸이 있으면 아프기도 하고 병도 나는 것이다. 어떤 성인은 '몸 자체가 하나의 병이다'고 했다. 그러니 아프지 말고 병나지 말았으면 하는 것은 몸뚱이가 없으라는 것이다.

세상은 병균과 세균으로 가득 차 있다. 우리의 몸 여기 저기 입속, 장속 구석구석에도 수많은 세균과 바이러스가 있다. 옛날에는 제일 무서운 것 중 하나가 전염병이었다. 전염병으로 수많은 사람이 목숨을 잃었다. 그런데 지금은 훌륭한 예방약과 치료약이 나와 있기 때문에 별 두려움 없이 지낼 수 있다. 폐렴은 옛날에는 공포의 죽을 병이었지만 페니

실린이 나온 후로 일반인은 그런 병이 있는지조차 모를 정도다. 설사 감염이 되어 발병한다 해도 쉽게 치료할 수 있다. 암이나, 에이즈, 고혈압, 당뇨 등이 여전히 문제가 되고 두려움의 대상이 되는 것은 확실한 약이나 치료법이 없기 때문이다. 세상에 수백, 수천 가지 병이 있지만 그렇게 많이 있는지도 모르고 대부분 별 문제가 안 되는 것은 약과 치료법이 있어서 간단하게 치료할 수 있기 때문이다. 문제가 있다 해도 충분한 해결책을 가지고 있으면 문제는 더 이상 문제가 아니다. 병이 문제가 아니라 약이 문제다.

그리고 균이란 것은 알고 보면 문제만 일으키는 것이 아니라 우리가 살아가는 데 없어서는 안 될 필요한 존재이기도 하다. 즉 그것은 병소이면서 건강소인 것이다. 그러므로 균이 없어지라는 것은 우리의 생존을 부정하는 말이다. 살며 활동하면서는 감염이 안 될 재주가 없고 그렇다고 무균실에 들어앉아 있을 수 만은 없다. 그러니 '병균 다 없어져라, 병날 일 아예 없어져서 아프지 말고 병나지 말라'는 것은 몸뚱이 없으라는 것이다. 몸 있으면 아프기도 하고 병도 날 수밖에 없다. 뭐가 정말 소망스러운 일인 줄을 바로 알아서 죽을 기도가 아닌 살 기도를 해야 한다. 안될 일이나 죽을 일이 아닌, 될 수 있는 일이나 살 일을 해야 한다.

망상 분별은 생존의 증거

수행자들은 번거로운 '망상 분별 나오지 마라, 없으라'고 한다. 그러나 분별 망상은 그림자와 같은 것이다. 그것 없으라는 것은 나를 부정하는 것이자 죽겠다는 뜻이며 공부 안 하겠다는 뜻이다. 육신 죽기 전에는 마음작용, 분별이 그칠 수 없다. 망상 불변은 생존의 증거요, 작용이다. 분별 그 자체는 단순히 작용일 뿐이다. 거기에 좋고 나쁨이나 선악(善惡)은 없다. 어떻게 쓰느냐에 따라 좋게도 나쁘게도 될 수 있다. 마치 전기를 어떻게 쓰느냐에 따라 편리한 것도 위험한 것도 될 수 있는 것처럼.

사노라면 반드시 여러 가지 일이 생긴다. 분별이고 일이고 안 보고, 안 생기게 하려면 죽는 수밖에 없다. 마음이 있으면 욕구도 일고 분별도 생긴다. 분별 나지 말고 탐욕 일어나지 말라면 목석이 되라는 것, 죽으라는 것이다. 그러므로 분별 나오지 말았으면 하는 것은 죽겠다는 기도인 셈이다.

또 '분별 바쳐 부처님 뵙는다'〔若見諸相 非相 則見如來〕고 했으니 분별 없으라는 것은 부처님 뵙지 않겠다, 공부 안 하겠다 는 말이다. '망상이 있기에 부처를 이룰 수 있다.' 망상이 없고 헤아림이 없으면 어떻게 부처를 이루겠는가!

연꽃은 진흙 속에서 피고 지혜〔般若〕는 번뇌 속에서 핀다.

문제는 분별 그 자체나 그것의 많고 적음이 아니라 그걸 어떻게 쓰고 처리하느냐, 요리하고 길들이느냐에 달려있다. 잘 처리하고, 요리하고, 길들이면 문제될 것이 없다.

분별 망상이 문제가 아니라 공부가 문제다. 사나운 소가 문제가 아니라 길들이는 것이 문제다. 그래서 끊으라고 하지 않고 '놓아라, 돌려라, 바쳐라' 하는 것이다. 길들여지지 않은 소는 주인을 들이받고 사람을 해치지만 길들여진 소는 많은 일을 해준다. 풀어놓아도 도망가지 않고 일하는 소가 되게 해야 한다. 그와 같이 번뇌, 망상, 욕망 따위도 깨닫고 보면 지혜요, 자비요, 공덕이기에 번뇌 망상을 막고 피하고 끊는 것이 문제가 아니라 길들이는 것이 문제다.

안 되는 일, 할 수 없는 일을 바라거나 하려고 할 것이 아니라 할 수 있는 일, 곧 분별이고 일이고 더 이상 문제가 안 되게 하는 일이 바로 우리가 추구해야 할 일이다.

뱀으로 착각했던 새끼줄을 바로 보면, 그 때문에 생긴 징그러움, 두려움 그리고 그걸 어떻게 피할까 없앨까 하는 궁리는 일순간 사라진다. 분별 망상 곧 마음은 실체가 없는 허망한 그림자이다. 그것은 깨닫고 바칠 것이지 없애거나 제어할 것이 아니다. 실체가 없는 것을 없애려고 해서는 결코 성공할 수 없다.

빚은 빚이 아니다

　기업을 하는 사람이 평범한 월급쟁이를 보고 '나는 왜 이렇게 빚이 많아? 빚 없는 당신이 부럽소' 할 일이 있겠는가? 빚이 아무리 많아도 그걸 활용하여 이익을 낼 수만 있다면 걱정할 일 있겠는가? 자본도, 부채도 자산이다. 빚도 신용이나 기술이 있어야 얻을 수 있으니, 그것도 능력이다. 빚을 순 마이너스로만 생각하여 좌절할 것인지 그것도 능력으로 생각하여 적극 활용할 것인지는 그 사업가에 달렸다.

　마찬가지다. 번뇌 망상은 빚이다. 갚아야 할 대금이다. 우리는 빚쟁이다. 무시겁으로 살아오며 빚져온 빚쟁이다. 그러나 바칠 수만 있으면 '나는 왜 이렇게 망상 분별이 많아? 진심이 많아? 치심이 많지?' 하고 걱정하거나 다른 사람을 부러워하고 자신을 한탄할 일이 없다. 언제는 기분 좋게 꿔다 쓰고, 이제 와서 갚으라니까, '무슨 빚이냐?' 하거나 '나만 왜 빚이 이렇게 많아?' 하고 아우성쳐봐야 이미 진 빚이니 남김없이 갚는 도리뿐이다. 중요한 것은 갚을 방법이 있느냐 인데 부처님께서 바로 그 방법을 가르쳐주셨다. 그러니 빚이 빚이 아니다. 바치면 그대로 업장이 녹는다. 빚이 탕감된다.'고 하셨으니 오직 그 말씀 믿고 한마음으로 부지런히 바쳐서 갚으면 된다.

세상 일이 다 그렇다. 이 세상은 온통 해로운 것, 위험한 것, 문제들로 꽉 차있다. 우리가 사는 이 지구의 땅 속이나 하늘 위에는 각종 물리적, 생물학적 유해물질과 위험 요소가 가득하다. 어떤 문제가 단지 하나의 문제가 아니요, 모두 서로 얽혀있기 때문에 사실 어떤 것도 근본적인 해결이 어렵다. 그래서 궂은 일 없이 좋은 일만 있었으면 하는 소원을 이룬 사람은 이 세상에 한 사람도 없다. 세상 일이 오르내림이 있는 시소 같은데 올라가기만 바란다면 안 되는 일이고 어리석은 일이다. 몸뚱이 있는 한 좋고 나쁜 일에 부딪치게 마련이다. 그러므로 우리가 할 일은 소위 인생의 여러 문제들, 나쁜 일들을 없으라고만 할 것이 아니라 설사 나쁜 일이 와도 더 이상 문제가 안 되게 하는 것이다.

우리는 나쁜 일, 소위 역경을 거치면서 성장하고 발전한다. 그래서 학생은 보다 어려운 시험을 치르고, 등산가는 더 높은 산에 도전하며, 사업가는 더 큰 사업거리를 찾아 기업을 키운다. 이런 어려움과 고통이라는 경계가 없이 마냥 순탄하기만 하다면 사람들은 세상이 온통 즐겁고 유쾌한 곳인 줄만 알고서 깊이 생각하지 않는다. 세상에 참다운 것은 없고, 모든 사람은 늙고 병들어 죽는다는 엄연한 사실조차도 잊어버린다. 남의 아픔에 무관심해져 점점 이기적이 되고 만다. 아픔과 역경과 시련을 통해야 '나'라는 존재를 더 깊이 관찰하여 마침내 광명의 불법대해(佛法大海)에 이르게 된다. 해결방법을 알고 능력이 있는 사람에게는 높은 산과 같은 역경이나 고비가 더 이상 문제가 아니며, 일이 더 이상 일이 아니다. 우리가 하루 스물네 시간을 몽매에도 마음을 쉬지 못하고 이리저리 뛰어다니는 까닭이 무엇인가? 행복해지기 위해서가 아닌가? 완전한 만족과 평안을 얻기 위해서 사람들은 불철주야 노력하고 또 노력하는 것이다. 그런데도 성공하지 못하는 것은 방향을 잘못 정해서다. 물건은 안에 있는데 밖으로 밖으로만 찾아 헤맨다.

채우고 나면 이내 더 부풀고 마는 욕망의 주머니를 채우려고 한다. 수없이 속고도 같은 일을 반복한다. 그건 다른 모든 사람들이 다 그런 식으로 살고 있고, 그런 사람들만 보며 살다 보니까 그렇게 된 것이다. 뭐 '없어라. 생기지 마라' 하거나 좋은 일 찾아서 밖으로 뛰어다녀서는 해결할 수 없다. 안 되는 일, 할 수 없는 일을 할 것이 아니라, 되는 일, 할 수 있는 일을 해야 한다.

'울타리가 없는 사람은 온 세상이 내 집이요, 자타가 없는 사람은 온 세상이 열반이니 내세울 '나'를 지우라.'

12

다바쳐라

이른바 진리(法)라 하여도
집착하지 말고,
진리 아닌 것(非法)이라 하여
피하지도 말라.
부처님께서 항상 말씀하시기를
"그대 수행하는 사람들은 나의 설법(說法)도
강을 건너고 나면 두고 가야 할
뗏목과 같이 알라" 하시지 않았던가?
이처럼 진리의 말씀에도
매달리지 말아야 하거늘
하물며 진리 아닌
것이랴! 〈금강경〉

부처님께서 팔만 사천이나 되는 법문을
하셨다지만 그것은 부처님의 말씀이 아니다.
다만 중생의 무량한 번뇌일 뿐이다.
부처님께서 무슨
하실 말씀이 있었겠는가.
오직 한 마디
'나는 밝은 빛이다' 라는
정도가 있었을까?
내가 그대에게 한 이런저런 말 역시
내 소리가 아닌 그때그때
그대의 업장을 닦는 데 필요했던
그대의 소리였다.
다른 사람을 대했다면
그이의 업장에 따라
나는 또 달리 이야기했을 것이다.
그러므로 내 말을 갖지 말고
다 바쳐라. 〈백성욱〉

|주|석|

14쪽

- 금강경에 '세상을 마음대로 행복하게 살자면 세상을 이렇게 보고 이렇게 실행하라(善男子 善女人이 發 阿耨多羅三藐三菩提心인데는 應 如是住며 如是降伏 其心이니라)' 하여 두 가지를 말씀하셨다.

15쪽

- 六感所知＝世上萬事物＝一切＝虛妄(육감으로 감지한 것＝세상만사물＝일체＝허망＝꿈＝거짓)
- ★ 부처님의 어떤 거룩한 모습을 보더라도 거기 마음 붙여서는 안된다.(不可以 身相으로 得見如來니라. 금강경)
- ◈ 이것을 금강경에서 相이라 하여 수행자가 극복해야 할 것으로 누누이 말씀 하셨다. 지각(知覺)한 것을 실재로, 사실로 아는 것이 相이다. 그러므로 아상(我相)은 나[我]를 오온(五蘊), 곧 색(色)・수(受)・상(想)・행(行)・식(識) 이 모여 이루어진 상대적, 연기적 허망한 합성체(合成體)로서가 아니라 실재(實在)로 아는 것이다.
- ◈ 우리가 어떤 것을 보고 들을 때 '사실이다, 진실이다'고 생각하고 거기에 집착한다. 스스로 느끼지 못해도 어떤 생각을 계속하게 되고, 말이 되어 나오고, 행동으로 나왔으면 벌써 그렇게 한 것이다.
- 세상에 옳은 일이라고 생각해서 저지른 죄악이 많다. 또 옳지 않은 일이라며 바로 잡으려고 해서 저지른 죄악 잘못도 많다. 많은 전쟁들 특히 종교전쟁, 종교계의 폭력사태, 무분별한 거리의 폭력 시위 등이 그러하다.

16쪽

- **업** 좋고 나쁜 결과, 과보를 가져오는 원인이 되는 행위를 일컫는다. 나쁜 열 가지 업(十不善業)을 十惡이라 하는데 살생, 투도(偸盜), 사음 등 몸으로 짓는 세 가지와 망어(妄語, 거짓말), 기어(綺語, 농지거리), 양설(兩舌, 이간하는 말, 험담), 악구(惡口, 타인의 마음을 아프게 하는 나쁜 말) 등 입으로 짓는 네 가지, 탐욕, 진애(瞋礙, 화 내고 미워함), 사견(邪見, 정당하지 못한 삿된 생각) 또는 우치(愚癡, 착각, 어리석음, 무지) 등 마음으로 짓는 세 가지가 있다. 이것은 지옥, 아귀, 축생의 삼악도에 떨어지는 원인이 된다. 업 짓지 않는 것을 10선업(例: 불살생, 불투도, 불사음, 불망어, 불양설, 불악구, 불기어, 불탐욕, 부진애, 불사견)이라 하는데 부처님께서 수행의 기본으로 권장하셨다.

17쪽

- **백성욱**(白性郁, 1897~1981) 필자의 스승. 열네 살에 출가·수도하였고, 1919년에는 상하이 임시정부에서 독립운동에 참여하였다. 독일에 유학하여 철학박사 학위를 받았고, 귀국 후 금강산에서 10년간 수도하며 제자들을 가르쳤다. 해방 후 내무부 장관과 동국대학교 총장을 역임하였다. 퇴임 후에는 부천시 소사동에 수련농장(道場)을 개설하여 인연 있는 후학을 지도하였다. 1981년 출생한 날과 같은 날에 입적하였다. 백성욱 박사의 법문과 글 그리고 도량 생활을 소개하는 책으로 『마음을 어디로 향하고 있는가(김영사)』『닦는 마음 밝은 마음(용화)』『머무는 바 없이 마음을 내라(용화)』『미래를 여는 금강경 독송(이경)』『불교 수행의 요체(금강경 독송회 대구법회)』『금강반야바라밀경해설』『백성욱 박사 문집(동국대학교 출판부)』등이 있다.

25쪽

- 부처님의 지혜는 중생들처럼 자기가 아는 것에 맞추어 재보고 비교하는 것이 아니고, 해가 사물을 비추면 그 형상이 환히 드러나듯, 무엇이든 대상에 응하여 비추어 드러내는 것이므로 이를 일러 밝다고 한다.

30쪽

- 이 글은 '공부하는 법'에 대한 백성욱 선생님의 말씀과 그 말씀에 대하여 평소 가르치시던 뜻을 좇아 부연한 것임.

33쪽

- **혜능**(慧能, 638-713) 중국 당나라의 스님. 선종의 제6조로서, 달마 대사와 더불어 중국 불교의 가장 위대한 인물 중의 한 사람. 소싯적에는 가난하고 글을 배운바 없는 나무꾼이었으나 어느 날 시장에서 한 스님이 금강경 염송하는 것을 듣다가 '응무소주이생기심(應無所住而生其心, 집착하여 머문바가 없는 마음을 내라)'는 구절에 깨달은 바 있어 당시 최고의 선승 5조 홍인 대사를 찾아가 출가 수행하였다. 그의 그릇됨을 알아본 스승으로부터 어느 날 밤중에 『금강경』의 요체를 다시 듣고 깨달음이 완전함을 인정받아 후계자의 표시인 의발(衣鉢)을 전해 받고 선종의 제6대 후계자가 되었다.
그 후 40여 년간 설법을 하며 제자를 키우다 713년 76세를 일기로 예고한 날 앉은 채로 숨을 거두었다. 그는 죽어 진신불(眞身佛: 육신 그 자체가 부처라는 뜻, 생전의 몸이 썩지 않고 그 상태 그대로라는 뜻으로 등신불-等身佛-이라고도 함)이 되었는데, 1300년이 지난 지금까지도 중국의 남화사에 그대로 생생히 모셔져 있다.
그의 행적과 설법을 기록한 『육조단경(六祖壇經)』은 『법보단경(法寶壇經)』이라고도 하는데 중국에서 저술된 불교 문헌 가운데 가장 뛰어난 것으로 평가되어 부처님의 말씀에만 붙는 '경(經)'이란 존칭이 붙어 있다.

42쪽

- 한 사물을 이루는 데 인연되는 요소가 수 없이 많기 때문에 인연의 인연 그 인연 각각의 인연으로 계속 거슬러 올라가면 결국 원 모양이 될 것이다. 곧 사물 A는 사물 B, C가 인이 되고 연이 되어 생겨난 것이다(A=B+C). 그럼 B와 C는 각각 그 전에 이미 있었던 D와 E 그리고 F와 G가 인연이 되어 생긴 것이다. (B=D+E, C=F+G) 이렇게 해서 계속 거슬러 올라가면 피라미드 같은 삼각형이 된다. 그러나 실재는 A=B+C와 같이 두 개의 인연만으로 이루어진 것이 아니고 A=B+C+D+E+……(∞)와 같이 수많은 인연 요소가 모여 된 것이고 그 요소가 되는 B, C, D, ……각각 또한 B=다른 a+b+c+……(∞) C=다른 a+b+c+……(∞) 식으로 수많은 요소가 모여 된 것으로 그렇게 계속 거슬러 올라가면 A라는 사물을 구성하고 있는 인연요소의 형태는 공 모양이 된다. 그래서 화엄경에서는 이것을 제석천궁에 있다는 인다라망(因陀羅網)이라는 그물에 비유하고 있다. 인다라망이라는 그물은 그 매듭마다 옥구슬이 달려 있는데 그것들이 서로 비치고 비친 것이 다시 비쳐서 한 없이 서로 비친다고 한다. 연기의 산물인 일체 사물이 한 없이 서로 관계하고 의지하여 생겨나고 존재하는 양상도 이 인다라망의 한없이 서로 비치고 또 비침과 같다.

49쪽

- 불교에서는 공의 의미를 바로 알지 못해서 허무주의에 빠지는 것을 '단멸공(斷滅空)'이라 하여 경계하고 있다.

57쪽

- **혜가**(慧可, 487~593) 중국 위진남북조(魏晋南北朝)' 스님. 선종 제2조, 어려서 노장과 불교 공부를 하고 출가한 스님이었으나 40세 때 소림사의 달마를 찾아가 제자가 되어 6년간 수행함. 달마를 찾아갔으나 달마가 제자로 받아들이지 않자 눈이 허리에 차도록 기다리다가 믿음의 표시를 보이라는 달마의 말에 자신의 팔뚝을 끊어 구도의 마음을 나타내 보였다고 함.

76쪽

- 三界唯心이요 萬法唯識이라. 所以로 夢幻空華를 何勞把捉하리요.(임제록)
  임제 의현(臨濟 義玄, ?-867) 중국 당나라 스님. 임제종의 개조. 저서로『진주임제혜조선사 어록(=임제록)』한 권이 있음.

77쪽

- **분별** 사물에 이름 언어가 붙여지면 허망하게 실체화되어 헤아림과 궁리, 말놀이〔戱論〕가 따르게 되는데 금강경은 일체 사물의 본체가 비었다는 공의 도리로서 이 허망을 부수고자 하는 것이다.

82쪽

- 心外無法이요 內亦不可得이니 求什麽物인가 … 諸方이 說有道可修하며 有法可證하나니 爾說證何法이며 修何道인가.

85쪽

- **무사상**(無四相) 금강경에서 제시하는 공부〔修行〕의 목표, 즉 아(我), 인(人), 중생(衆生), 수자(壽者)의 네 가지 생각(四相)이 없음. 곧 일체 생각 분별을 떠남.

92쪽

- 대성스님 역,『아이엠 댓』, 탐구사, 298쪽
  마하라지(Sri Nisargadatta Maharaj)는 1897년 뭄바이에서 태어나 평범한 재가자의 삶을 살다가 34세 때 스승을 만나 수행한 끝에 37세에 깨달음을 얻었다. 찾아오는 구도자들에게 뭄바이의 허름한 그의 집에서 가르침을 베풀다가 1981년 84세의 나이로 입적했다.『I am that』,『Beyond Consciousness』와 같은 대담집이 나와 있다.

93쪽

- 無無明 亦無無明盡 乃至 無老死 亦無老死盡 無苦集滅道 無智亦無得.
  (반야심경)

114쪽

- 대행스님,『생활속의 참선 수행』78~79쪽
  대행大行**스님**(1926~) 서울 이태원에서 나셨다. 현재 안양 한마음 선원에 계신다. 오직 당신 자신이 스스로 깨닫고, 직접 보고, 일일이 실험해보신 결과로 말씀하시기 때문에 말씀이 실질적이고 막힘이 없으며, 간단·평이하고 체계가 분명하다. 스님의 생애와 구도역정과 법문은 '한마음 요전(한마음 선원)'에 잘 나와 있다. 그 외 스님에 관한 여러 가지 책 중에서도 법문을 간단히 추려 엮은 것으로『삶은 고가 아니다(여시아문)』문답집『생활 속의 불법 수행(여시아문)』이 있다.

116쪽

- **마하르쉬**(Sri Ramana Maharishi, 1879~1950) 20세기 인도에 출현한 가장 탁월한 영적 스승 가운데 한 분. 1879년 12월 30일 남인도의 한 중산층 가정에 태어나 특별한 종교적 가르침을 배운 바도 없이 17세에 최고의 진리를 깨달았다. 곧 남인도의 성산 이루나찰라로 출가한 그는 여기서 여생을 보내며 세계 각지에서 찾아온 많은 사람들에게 가르침을 베풀었다. 그는 주로 침묵의 가르침을 중시했고, 특히 '나는 누구인가?' 하는 자기 탐구의 수행법을 제시하여 간단하고도 직접적인 깨달음의 길을 열어 주었다.

117쪽

- 대성스님 역, 마하라지,『진아지의 길』탐구사, 148쪽

118쪽

- 앞의 책, 228~229쪽

119쪽

- 앞의 책, 203쪽

125쪽

- 佛法은 無用功處요 祇是平常無事나 屙屎送尿하며 著衣喫飯하며 困來卽臥라.(임제록)
- ★ **위산·앙산** 당나라 스님 위산 영우(潙山 靈祐, 771~853)와 그의 제자 앙산 혜적(仰山 慧寂, 803~887쪽)

126쪽

- **선문염송**(禪門拈頌) 고려 승려 진각 혜심(1178~1234)이 선가의 고화(古話) 1125칙과 이에 대한 여러 선사의 간단한 풀이나 요점을 말한 것 등을 채집하여 엮은 책이다. 모두 30권으로 구성되어 있다.
- ★ **돈오요문**(頓悟要門) 당나라의 대주 혜해(大珠 慧海)스님이 지은 책. 6조 혜능을 출발점으로 하는 남종선(南宗禪)의 돈오사상을 말하고 있다. 상하 2권으로 구성되어 있다.

141쪽

- 대성스님 역,『바가반의 말씀을 따르는 삶』탐구사, 397